三明行迹

三明市社会科学界联合会 编

海峡出版发行集团
福建教育出版社

图书在版编目（CIP）数据

三明行迹/三明市社会科学界联合会编. —福州：
福建教育出版社，2024.11. —ISBN 978-7-5758-0094-5

Ⅰ.K281.1-53

中国国家版本馆 CIP 数据核字第 2024G0Y799 号

Sanming Xingji
三明行迹
三明市社会科学界联合会　编

出版发行	福建教育出版社
	（福州市梦山路 27 号　邮编：350025　网址：www.fep.com.cn）
	编辑部电话：0591-83716932
	发行部电话：0591-83721876　87115073　010-62024258）
出 版 人	江金辉
印　　刷	福建省金盾彩色印刷有限公司
	（福州市仓山区红江路 8 号浦上工业园 D 区 24 号楼　邮编：350008）
开　　本	710 毫米×1000 毫米　1/16
印　　张	15.75
字　　数	233 千字
插　　页	1
版　　次	2024 年 11 月第 1 版　2024 年 11 月第 1 次印刷
书　　号	ISBN 978-7-5758-0094-5
定　　价	65.00 元

如发现本书印装质量问题，请向本社出版科（电话：0591-83726019）调换。

本书编委会

主　　任：林日上
副 主 任：曾世庆　陈贤细
委　　员：吴志明　林小妹　施明菊　吴美清　陈家锋　金春磊
　　　　　顾　真　章进念　肖旺华　余联毅　林诗书
主　　编：林日上
副 主 编：林小妹　陈家锋

前　言

习近平总书记指出："只有全面深入了解中华文明的历史，才能更有效地推动中华优秀传统文化创造性转化、创新性发展，更有力地推进中国特色社会主义文化建设，建设中华民族现代文明。"三明自古人杰地灵，文化底蕴深厚，是闽人之源、闽江之源、闽学之源、闽师之源和客家祖地，杨时、朱熹、黄慎、伊秉绶等历史文化名人出生于斯，毛泽东、周恩来、朱德等老一辈无产阶级革命家曾在此领导革命实践。

三明文化多元而厚重，具有古老、妙绝、包融、侠义等明显特征，尤其是三元万寿岩旧石器时代遗址和明溪南山古人类文化遗址、尤溪朱子文化、宁化长征出发地红色文化和客家祖地宗祠文化、清流东坑书院和赖坊古民居、泰宁古城与甘露寺等遗迹，独树一帜，影响深远，在福建乃至中华文化中占有十分重要的地位。三明文化的独特价值体系，潜移默化地影响着三明人民的思维方式、行为习惯乃至自我认同，在各个历史时期甚至是当代乡村振兴、中国式现代化建设中仍然发挥着重要作用。但如今，一些文化点在城镇化进程和自然村的不断消亡中，有的仅剩遗址遗迹，缺少完整历史资料；有的已不复存在，因此进行挖掘整理、宣传推广刻不容缓。

居于此，三明市社科联以赓续中华文脉，肩负起新时代社会科学普及宣传为历史使命，自 2022 年 5 月起在"三明市社会科学界联合会"微信公众号创新推出微刊《三明行迹》，以三明地区"一些在历史上少（不）为人知、文化底蕴深厚、差异特征明显、留存意义长远、具有显著三明地方特色的人事物"为挖掘、整理、研究和创作对象，涉及闽学文化、红色文化、客家文化、古建、民俗、民间信仰等领域，通过史家笔法，每篇千字左右，配以三五张照片，进行宣传推介，以达存史留迹、传承保护三明文化的目的。其中，多期被学习强国、东南网、北京文艺界、今日头条、新福建客户端、"文明三明"、《时代三明》、《三明文史》等媒体、刊物转载，受到读者充分肯定和广泛好评，让三明文化滋养三明人民的精神世界，成为三明文化自信的底气与底色。

让我们继续携手，共同为三明文化的保护、传承与发展，尽一份心，出一份力，为三明文化建设添砖加瓦！

本书编委会

2024 年 10 月

目 录

1. 莘口柳城文昌阁 ··· 1
2. 璧奎书院 ·· 4
3. 趣说三元端午节 ··· 8
4. 明溪玉虚洞的诗文和摩崖石刻 ································· 11
5. 荆东福兴堂 ··· 16
6. 东壁门 ··· 20
7. 诗说垂裕祠 ··· 22
8. 清流东坑书院群 ·· 25
9. 荣先祠 ··· 30
10. 清流静室·书院·茶文化 ·· 33
11. 将乐含云寺 ·· 38
12. 宁化豫章书院 ··· 41
13. 邓氏收藏馆 ·· 45
14. 古迹口：尤溪沿岸古老码头 ·································· 49
15. 中村草洋 ··· 53
16. 明溪白沙桥的沧桑岁月 ·· 58
17. 坑头灵峰寺 ·· 62
18. 沙县陈了斋祠堂 ·· 65
19. 泰宁黄厝古棋 ··· 69
20. 闽西北畲乡古村——芷畲村 ································· 75
21. 禅尖隘 ·· 79
22. 军号谱 ·· 84
23. 麒麟山公园 ·· 87

1

24. 御帘村 ……………………………………………… 95
25. 闽赣孔道 …………………………………………… 101
26. 古村寻福 …………………………………………… 106
27. 岩前郎官第 ………………………………………… 110
28. 闽湖 ………………………………………………… 114
29. 毛泽东《如梦令·元旦》…………………………… 122
30. 尤溪风物拾遗 ……………………………………… 127
31. 建宁将军庙的由来 ………………………………… 134
32.《少共国际师画报》………………………………… 137
33. 杨梅坳：大洋嶂山腰处的千年古村落 …………… 142
34. 朱子游学大罗岩 …………………………………… 146
35. 仙境东佳 …………………………………………… 151
36. 俞邦宋代三俞 ……………………………………… 159
37. 战时永安改进出版社 ……………………………… 163
38. 从郑义斋馆舍到厚福荣昌堂 ……………………… 169
39. 永安龟山寺 ………………………………………… 174
40. 董其昌大田情缘 …………………………………… 180
41. 延祥风物巡礼 ……………………………………… 184
42. 从前的锁也好看 …………………………………… 193
43. 宁洋古道 …………………………………………… 200
44. 民居博物馆 ………………………………………… 203
45. 古韵悠扬小腔戏 …………………………………… 207
46. 大圣庙 ……………………………………………… 211
47. 三明市真菌研究所 ………………………………… 216
48. 孔方春秋　观泉读史 ……………………………… 220
49. 沙县红边茶 ………………………………………… 229
50. 闽赣省苏维埃政府主席——杨道明 ……………… 233
　　后记 ………………………………………………… 243

1. 莘口柳城文昌阁

柳城文昌阁（贤祠）留存于三明市三元区莘口镇柳城村，始建于清乾隆四十三年（1778年），乾隆五十五年（1790年）修葺，翌年蒲月初七日吉时安祀到位。为重檐歇山式文庙类古建筑，具有较高历史、艺术、科研价值。

"文昌"本星宫名，为北斗魁星之上六星的总称，形如半月，又名"文昌星""文星"。《史记·正义》曰："魁，斗第一星也。"因此，在中国古代，"魁"寓意第一、出类拔萃。"魁星"象征文运，并作为主宰科举、仕进、功名、禄位神祇，约产生于宋代，后为道教承袭。

文昌阁，祭祀传说中掌管文运功名之神，是一种传统祭祀建筑，有祈愿文运兴盛、步步高升和保一方文风昌盛之意。于是，天下府县多建有文昌宫（阁），迄今仍多有留存。

文昌阁正门与侧面

藻井内刻有"凤起""蛟腾",寓意大展宏图、飞黄腾达,祈愿文脉绵长

起源于隋朝的科举制度,为中国古代读书人实现人生转折、阶层跃升的重要途径,伴随着这一制度的实行,广泛兴起了魁星、文昌帝君信仰崇拜。文昌帝君,又称文昌星、文曲星,或文星,实为文昌神、梓潼帝君二神合一,为中国民间和道教所尊奉的掌管士人功名禄位之神。其中梓潼神张亚子,本是蜀中一个地方信仰,后经皇室大力倡导,至唐宋逐渐扩展到全国。至元仁宗封张亚子为"辅元开化文昌司禄宏仁帝君",简称"文昌帝君",乃忠国、孝家、益民、正直之神。

民间有"五文昌"之说,即文昌帝君、魁斗星君、朱衣星君、孚佑帝君(吕祖师)、文衡帝君(关帝君)。各地文昌阁内所祀神祇不一,但以敬奉文昌帝君为主。柳城文昌阁楼上,设有"九天开化司禄文昌帝君神位"和"九天宣化魁星圣君神前香位"。

七贤牌位

柳城文昌阁龛内，祀奉杨时、罗从彦、李侗、朱熹"闽学四贤"，陈瓘、陈渊、邓肃三位乡贤。

遗址门

昔日柳城文昌阁，现仅存遗址。

"文昌"信仰，在上千年文化发展中兼收并蓄，融儒家文化精髓与地方文化于一体，成为中国传统文化的重要组成部分。

（文：黄昌平、林小妹　图：邢保兴）

2. 璧奎书院

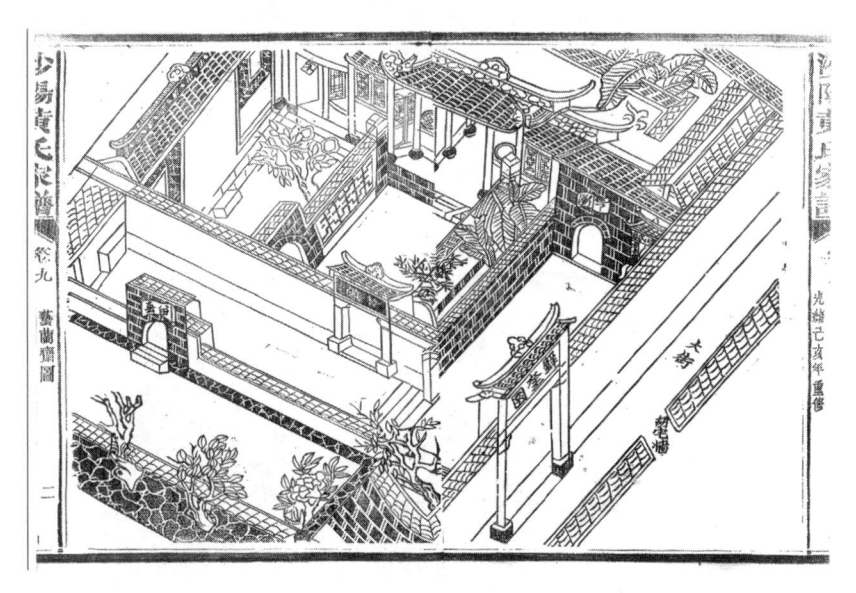

璧奎园，引自光绪己亥年（1899年）重修版《沙阳黄氏家谱》

璧奎书院，坐落于三明市列西街道封侯坊，与康乐门天后宫相邻，建筑面积约1000平方米。书院坐西朝东，正门有"璧奎园"三个字，乃星宿璧星与奎星并称，主文章之星。

入大门，可见院内"7"字形回廊，有一影壁，开中门，上书"藝蘭"二字。往里是前后厅，前厅为讲堂，即学生上课场所，堂正中悬挂孔子画像，两边柱子有对联："立修齐志，读圣贤书"，中间祭台上摆放"大成至圣文宣王"木牌位。后厅为夫子们教研处，厅两侧墙上悬挂班超、岳飞、林则徐等

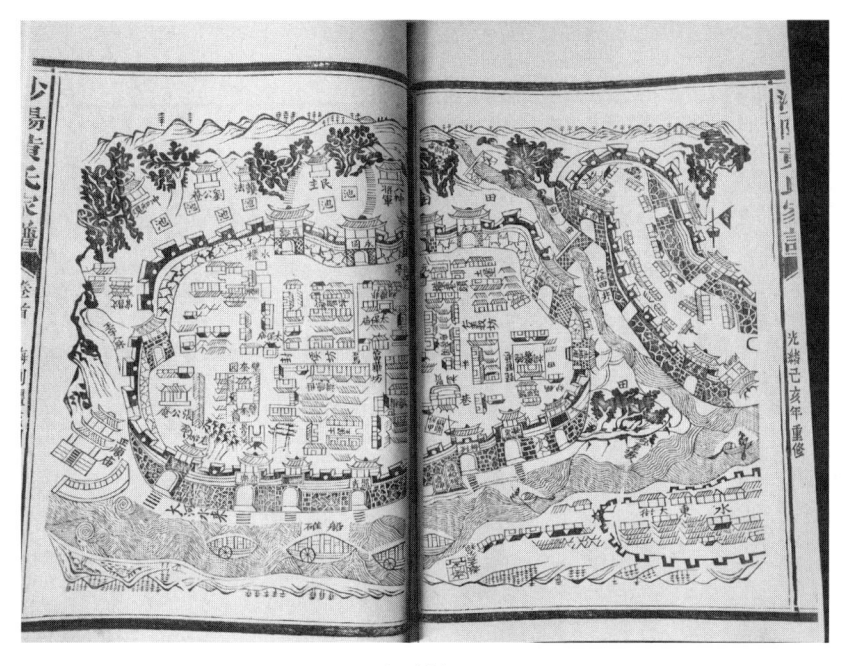

列西城堡图

十几幅民族英雄画像,及二十四孝图文壁画。正房左右两侧各有一排侧房,功能齐全,有厨房与卧室。书院正门面向沙溪,门外露天庭院延伸到河边城墙,院中有各种名花异草,环境优雅,趣味盎然。

璧奎园乃列西黄氏先祖黄非豫于1736年创建,"非豫公,士有善业创于生前,美报彰其身后。其字非豫,号立斋、孝友,瑞草公次子。"传略说:"非豫公以勤俭累产数千金,布衣蔬食泊如也。好读书,建书舍,延伸督课。子弟置田充膏火,颜其斋璧奎。盖其志意远且大,故历西(列西)文风,黄氏称盛。"

据记载,清同治年间,书院学子黄树声、黄治富参与《沙县志》编撰;咸丰年间,黄道行等积极组织并倾尽家财修建梅列城堡;民国初年,书院负责人黄炳相组织当地百姓反抗反动军阀,要求减免税赋而被抓捕杀害等,这些都彰显璧奎书院培养出了众多爱国爱乡、忠肝义胆仁人志士。

民国二年(1913年)列西成立公立学校"列西初级小学",璧奎书院于1994年旧城改造中被拆除。

璧奎书院遗址现状

附书院散文一篇：

艺兰斋记

地灵人杰自古言之，然则人以地传乎，抑地以人传乎，顾吾谓有其人无其地，则人传而地不传，有其地无其人，则地传而人不传，有其人有其地而以地为一人行乐之地，而以为人人经诵之地，则其人其地自历久，而无不传。

於艺兰斋穷有羡焉，艺兰斋者黄敬斋公家塾也，在本里之封侯坊，青山排闼绿水，当门开户瞰层峦有一带茂林修竹隔溪，临古庙听几声暮鼓晨钟，登斯堂者称胜地焉。

余与公相隔久不获亲，其言论丰采而流风余韵，至今父老犹有能道之者历西（列西）传，而我夫子竹窗先生设帐于斯，徒游者甚多。余亦忝列门墙当是时，余年甚稚，见斋之中门书"艺兰"二字，初不解命名之义，穷以为父兄之于子弟，譬如芝兰、玉树欲其生于庭阶耳，进而询诸夫子，夫子曰："子之说近是，而又一义也，夫与善人居如入芝兰之室，此非家语之言乎。开斋设教培善类也，艺兰之名是之取尔。"余闻是言，不觉豁然悟，然会曾更怡然而自得也。敬业乐群之下与诸君子朝袭，其声暮撷，其英几席间时时有芝兰气，居三载余幸以垂髫鼓入学篋阅。明年秋夫子捐馆，余乃治任归。迄今十余岁矣，春风秋雨未尝不怀我美人而为之，谱《猗兰操》也，令嗣玉其师兄即入泮复于斯理父业属余为艺兰记。余观其循循善诱，游其门者类多芳兰，竟体则。

今日人以地而杰，即他日地以人而灵，斯真足以并传不朽矣，余敢不倩管城子出数言以为之记乎，若曰同心之言，其臭如兰则吾已敢。

光绪甲申岁蒲节之吉

儒士　罗汝朴

璧奎书院南面正门现状

（文：黄昌平　图：林平）

3. 趣说三元端午节

三元土话说：一年里头两大节，一是"大年"二是"节"，其中"节"便指端午节。

三元端午节，定在每年农历五月初四、初五和十三，共三天。据说，古代三元地处闽西北穷乡僻壤，人烟稀少，与世隔绝。绝大部分住民生活贫困，平时自产自给，鲜于到市场购物，由此市场冷清，生意清淡。有钱买肉的人更稀少，沿河街上，只有一两个肉店，屠户每天杀一头猪且需从早到晚、走街串巷叫卖，才能卖完。冬天还好，下午可继续卖；热天猪肉易变质，下午就不能卖了，不仅赚不到钱，而且还要赔本，因此屠户们不敢多备。但到了端午节，市场状况大不相同，家家户户都要买新鲜猪肉过节，短时间猪肉供应成了大问题。

由此，大家公议，定下乡约，端午节分两天过。城关片，按姓氏划分，邓氏大姓人口多，初五过节；李、林、黄等小姓，初四过节。梅列按片区定，列东片初四，列西片初五过节。这样，既解决猪肉供应紧张问题，又方便过节时亲戚互访，久而久之，成了三元独特乡俗。

每年农历五月十三是"关公"生日，民间崇敬三国关羽忠勇威武，故借关公生日，再举行一天龙舟赛活动，并流传至今，所以三元端午节有三天。

三元龙舟赛，有一套独特游戏规则：分坊堡进行，每坊堡出一条龙舟，两舟一组，每舟二十六人，外加鼓手与舵手一人。鼓手指挥全船队员，用鼓声统一划船节奏；舵手看好航道路线，并负责向本船所属竹篓丢放一块份量相当的划楫，谓之"丢楫"。

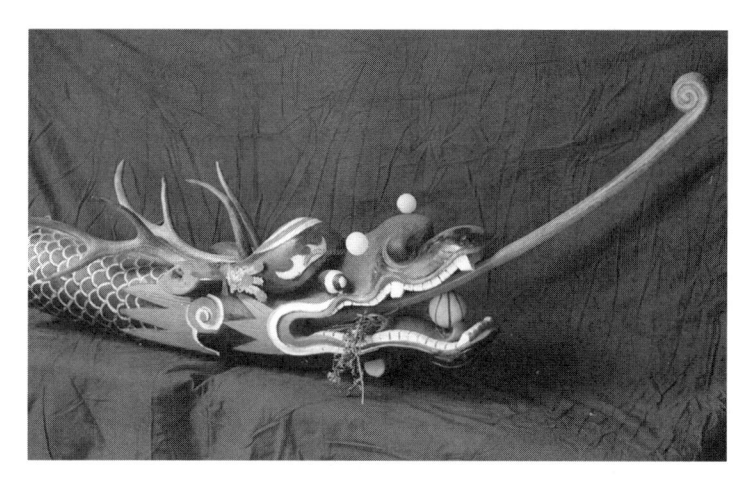

清代三元鹿角龙头

整个赛程逆流而上，约一千米，从沙溪河白沙段中央始，至桂龙坊河中央止；河中央每隔二十米锚定一扇竹排，上放两个口径两尺的竹篓，篓中"纳楫"数量为决定胜负的重要参数；因河中央水流最急，参赛龙舟在河中央竹排两边前进，向篓中"丢楫"的形式，限定了龙舟线路，各队均无法绕道水缓处而投机取巧。另因竹排两边河水流速不同，各队均须左右轮换，以示比赛公平。

经国家体委批准，1997年三元区桂荣龙舟队参加澳门国际龙舟邀请赛

三元龙船桨

三元龙船桨，本地方言叫"划楫"，选用优质杉木或梧桐木制成，造型优美，轻巧便捷，且蕴含深厚地方传统文化内涵。

每条龙舟配有二十八把划楫，每把划楫叶面两边，一面写上所属坊堡名称，一面写上二十八星宿名。写上各坊堡名称易于理解，但写上二十八星宿，却别有深意。二十八星宿，早先神话传说指天上神仙，后在古代文学作品中将人间英雄豪杰星宿化，人神对应，如云台二十八将，指汉光武帝刘秀麾下助其一统天下、重兴汉室江山的二十八员功劳最大、能力最强的大将。东汉明帝永平三年（60年），汉明帝刘庄在南宫云台阁命人画了二十八将神像，称之云台二十八将。范晔《后汉书》还为二十八将立传，称"咸能感会风云，奋其智勇，称为佐命，亦各志能之士也"。自古以来，二十八星宿象征着英雄豪杰。因此，《三元龙船歌》唱道："六月大暑最难当，刘秀七岁走南阳。姚奇马武双救驾，二十八宿闹昆阳。"

由此可知，三元先民将二十八星宿题写在船桨上，意在激励划船健儿不怕艰难险阻、奋勇拼搏、团结向上。

（文：邓衍森　图：邢保兴）

4. 明溪玉虚洞的诗文和摩崖石刻

明溪县城东北的风景名胜玉虚洞，又名滴水岩，与将乐玉华洞、永安桃源洞被徐霞客称为"武夷三绝"。现为国家4A级景区。

玉虚洞景区虽然规模不大，景点不是很多，但胜在精致，神奇之处不少。特别是文化气息很浓厚，摩崖石刻众多，在诸岩洞中是不多见的，而历史上写过玉虚洞诗文和游览过玉虚洞的名人，要比留下的摩崖石刻多得多。

然而，令人遗憾和不解的是，从明嘉靖年间至今500多年来，却无人对玉虚洞的诗文和摩崖石刻进行全面搜集、整理、研究，以致许多珍贵诗文永远消失了；摩崖石刻不少字迹由于岁月沧桑、石壁风化已无法辨认。留传下来的明正德、明万历、清康熙、民国和当代五种《归化（明溪）县志》，收录包括摩崖石刻在内的玉虚洞的诗文都很有限，收录最多的《民国·明溪县志》也只有少量作品，不到30首（篇），许多名篇佳作都遗漏了。其原因首先可能因为古代信息闭塞，查阅书籍和资料不便，再则，修志时摩崖石刻部分字迹已难辨认，为慎重起见，便不收录。因此，尽管清代进士、学者、归化知县黄崇惺与其友沈兆圻对滴水岩情有独钟，整理出玉虚洞七十二景，编成《滴水岩纪略》（一名《滴水岩志》）一书，但也只提及少量诗文，而且基本上只有题目和摘句。

古人吟咏和描写玉虚洞的诗文笔者目前已多渠道收集到80余首（篇），总数估计不下200首（篇），仅清代明溪文人谢绍谋一人写玉虚洞的诗就有数十首之多，可惜没有一首完整留存下来。据《滴水岩纪略》载："洞中诗碣甚多，谢绍燮诗所谓'色丝无数纪游诗'也。今多为附近居民取作阶础，存者

黄崇惺石刻

亦残缺漫漶，惟明石首王乔桂、西吴顾元镜、广陵孙自成数诗尚可辨识。"到100多年后的今天，众多诗碑已片石不存，该书提到的其他诗文不少也已失传。此外，现在能看到的不少是和诗，原作却找不到了。

玉虚洞开发于北宋开宝二年（969年），原名滴水岩，得名于仙源洞中的"滴水晶帘"奇观，明万历年间福建按察司副使、进士王乔桂游览滴水岩，觉得滴水岩之名不够文雅，便将其改称玉虚洞。但如今能见到最早写滴水岩的作品，已经是明成化十三年（1477年）归化县训导张恂的一首七律《题滴水岩庵壁》。此前500年间肯定有一些写滴水岩的作品，但由于没有记载，今天见不到片言只字。

对滴水岩（玉虚洞）文化建功最大的当属梁世骠、宗臣、王乔桂3人。梁世骠（1495—1544年），广东顺德人，明朝文学家梁有誉之父，正德十五年（明1520年）进士，历任河南道御史、浙江按察司佥事、福建漳南道兵备佥事。嘉靖十一年（1532年）春，梁世骠游览滴水岩后，写了一篇游记《游滴水岩记》和一首诗，命名了滴水岩10个景点：天泉石、仙桥石、虚鸣窍、隐

12

鹊岩、佛头岩、祥云洞、跃鲤石、狮子岩、蜂窝石、申阳小洞。宗臣（1525—1560年），字子相，江苏兴化人，明朝著名文学家、"后七子"（"嘉靖七子"）之一，嘉靖二十九年（1550年）进士，历任刑部主事、吏部稽勋员外郎、福建参议、福建提学副使，有《宗子相集》。嘉靖三十七年（1558年），宗臣游览滴水岩后，写了一篇《游滴水岩记》，也命名了振衣亭、垂莲石、中天柱、左天柱、右天柱、鼋梁、冕石等一批景点，影响最大的是他那篇游记，称滴水岩"兹岩之奇，天奇之也"。清康熙年间编印的《天下名山游记》一书，收录北魏至清初千年之间的游记精品219篇，福建省仅入选8篇，宗臣《游滴水岩记》即是其中之一。王乔桂（号味玄道人）不仅将滴水岩改名为玉虚洞，写了两首诗《题玉虚洞》《雨中游玉虚洞》和一篇文章，还在仙源洞口上方题写了"玉虚仙洞"四个苍劲有力的擘窠大字。

为玉虚洞写过诗文的还有一大批历史名人，如庞泮（明朝进士，官至广西布政使）、陈卿（明朝进士，官至兵部右侍郎）、刘应授（明朝进士，官至福建按察司副使）、白贲（明朝进士，官至云南巡按）、海瑞（明朝著名清官，

陈宗夔石刻

官至南京右都御史)、陈宗夔(明朝进士,官至福建、广东巡按御史,抗倭名将)、陈谨(明朝状元,著述颇丰)、郑汝璧(明朝进士,官至兵部右侍郎,著述颇丰)、裴应章(明朝进士,官至吏部尚书)、吴安国(明朝进士,官至宁波知府)、张文耀(明朝进士,官至四川参政)、顾元镜(明朝进士,官至广东布政使)、伊秉绶(清代进士,著名书法家),等等。

特别值得一提的是海瑞和吴安国的诗,均为笔者新近所发现。海瑞任南平县教谕期间曾游览归化滴水岩,写了一首七律《游归上之滴水岩》,诗云:

露磴盘纡郁万岑,碧峰飞映翠华临。

鳌飞玉栋浮云烂,鹊隐琼岩对雪深。

石顶有泉时滴滴,洞门无日昼阴阴。

簿书多暇偏乘兴,潦倒樽中月满簪。

此诗有说是写海南海口滴水岩的,非也,从诗题和"鳌飞""鹊隐"等词可印证(归化滴水岩在归化县归上里,有鳌石、隐鹊岩等景),且从"簿书"一词可见此诗作于海瑞任职期间,而非出仕前或罢官居海南期间。

在众多写玉虚洞(滴水岩)的诗文中,最好的文章公认是宗臣的《游滴水岩记》,最好的诗笔者认为是吴安国的长诗《滴水岩歌》。当然,郑汝璧《玉虚洞》、王乔桂《题玉虚洞》、裴应章《题玉虚洞次韵》、张文耀《题玉虚洞四首》、顾元镜《题玉虚洞四首》以及清汀州知府傅燮诇《游玉虚仙洞二首》、明末明溪文人陈喆《玉虚洞天》《玉虚洞天赋》等,均属上乘之作。明代著名文学家徐中行、李元阳也来过玉虚洞,但没有看到他们的诗文,所幸李元阳在桃华洞中题写了"桃华洞"三个隶书大字。

玉虚洞现存的摩崖石刻还有70处之多（如未损失可能有百处以上），多数是明朝嘉靖至万历年间留下的。这可能与嘉靖年间徐中行任汀州知府有关，当时归化处于福州、延平通往汀州的要道上；同时，也可能与嘉靖、万历年间章宗实、陈大贤、洪都、周宪章、陈正蒙、秦延蒸等文人、进士任归化知县有关，因为文人喜欢游山玩水、怀古寻幽。其中，章宗实是著名学者王世懋的岳父，周宪章与内阁首辅叶向高友善，洪都与著名文学家袁宏道友善，陈正蒙深得礼部尚书韩日缵器重。有的摩崖石刻已经风化脱落，如仙源洞口之上大字"玉虚仙洞"上款"万历庚寅夏日"的"万"字、"玉洞天浆"下款"兵巡漳南道新安程朝京书"的后四字。摩崖石刻中，有22首诗（不含打油诗），都很规范典雅，遗憾的是许多字已漫漶不清。笔者通过仔细辨认和努力考证，仍有一些字难下结论，还有潘廷儒、陆荣、许士德、紫云仙吏4位作者，生平无从查考。需要指出的是，摩崖石刻不少字被当代人涂红涂错了，必须更正，否则易造成误导。

摩崖石刻

（文/图：廖康标）

5. 荆东福兴堂

　　三元荆东福兴堂，位于沙溪七里潭上游，处荆东学生街路口、205国道旁。始建于北宋中叶，清乾隆二十八年（1763年）重建，距今已260多年，历史悠久，有较高历史文物价值。

　　主体建筑由前空坪、山门、廊屋、天井、上堂、边厢组成，坐北朝南，癸向丁。左右两旁有威灵庙与白马尊王庙，占地面积800多平方米，建筑面积426平方米。

福兴堂正门

福兴堂全景

  福兴堂为歇山式建筑，五架梁，面阔五开间，地面铺砖，年代久远渐破损。正梁上方有毛笔楷书题款："皇清乾隆念八年癸未癸亥月庚子日己卯时"。堂内保存有清代砖雕、木雕瑞兽与吉祥物等，主奉观音菩萨，并奉五谷真仙、五显仙姑、土地公、伏虎佛等，是荆东唯一较为完整古庙。门前有棵大榕树。

  荆东威灵庙，供奉着太保侯王。福建太保侯王民间信仰，主要集中在三明永安、三元、梅列、沙县、尤溪、将乐，以及南平、福州、泉州一带。沙县南阳、池沧、八捺桥有三处太保侯王祖庙或遗址，它们的历史都在千年以上。在三明红印山，几经迁移，也保存着一座明代太保侯王古庙。其他如三元圆通寺、列东、列西、永安、尤溪，及南平、福州等地，也都保存着数量众多的太保侯王庙，供奉着"太保侯王"神像。每年农历三月初三太保侯王遇难日，各地信众家家户户都要挂艾草、吃烙巴，举行游神等各种各样民俗活动。

  传说中的太保侯王，本是平民百姓，姓雷名琼，一作温姓，以做豆腐为生。因为雷琼所在的村庄人不信鬼神，亵渎神灵，因此，玉皇大帝令五鬼前来毒杀村里人。三月初三清晨，雷琼在井边遇见"五鬼"投毒，便飞身上前抢过毒药，寄在口中，手里操起劈柴斧斤，与群鬼搏斗，怒杀三鬼，二鬼潜逃。雷琼腰间别着三个鬼头，穷追二鬼不舍，中途毒性发作身亡，临终前他右手二指指向前方，告诉人们还有二鬼逃走。玉皇大帝感于太保爷生前为保乡邦、勇斗五鬼的忠烈行为，封他为"忠烈太保侯王"。也有一些学者认为，"太保舍人"指一个地方的护卫神，它最早是从武侠剑客中护卫主子功夫非凡、厮杀于江湖的"十三太保"演变而来。在长期发展过程中，形成了两种不同解释：一是从福建流传于东南亚一带的神灵雷琼，如马来西亚的"太保舍人"，就是这种民间信仰。另一种是指雷琼和南宋的最后两个小皇帝赵昰、赵昺兄弟，这种信仰主要流传于泉州一带。

太保侯王敢于灭鬼、保境安民、除恶驱邪、扶正扬善、自我牺牲的精神，是中华民族传统美德的重要内容，当一个国家、民族处于危难之际，更需要这种大无畏的牺牲精神。因此，历朝历代统治者，都对太保侯王予以褒奖，对其精神大力弘扬！

威灵庙（福兴堂左侧）

白马尊王，又称白马大王，永安、三元、沙县等地均建有"白马尊王庙"。荆东"白马尊王庙"供奉着一尊白马将军像，"白马尊王"原型，据《荆东村志》记载，是来自闽越国时代的王驺郢的第三子。白马尊王是位水神，受到当地百姓膜拜。每年端午节举行龙舟活动"七里潭的擂鼓声"喧天动地时，老百姓都会到白马尊王神像前许愿，保佑下河划船的子弟们平安顺利。龙舟起水后，再还愿，答谢白马尊王的保佑。

白马尊王庙（福兴堂右侧）

　　福地祥云，兴堂丽日；光照万户，雨润千家。荆东福兴堂朱红绿白，庄严朴素，堪称是一处集祈福、观瞻、修心、养性、休闲之胜地。

（文/图：邓应晖、林日上）

6. 东壁门

公元1853年4月,太平军攻陷沙县城,城内军民奋起反击,5月太平军被赶出县城,部分逃往尾历(旧时梅列的称呼)。列西《黄氏族谱》记载,咸丰年间,"红巾倡乱,土匪蜂生,风声动即草木皆兵","红巾猖獗,吾乡惊悸,寝食难安"。为自保,当地百姓或武装自卫,或修建城堡以图安。

列西龙岗坊,又称龙谷、龙葛坊,位列西北端,古为独立坊堡。由龙岗乡绅林钟厚、钟长等组织发动乡民捐资兴建,长约170丈,宽约80丈,周长约500丈(约1.7公里),设南昌门、北辰门、东壁门、西园门,城门上方并设望楼或庙宇。堡内有炉巷、水柜巷、城仔巷、沙吉堡、西安堡等,住民以林姓为主,加以罗、陈、曾诸姓。

列西城堡

东壁门，现处列西水榭新城大门右侧，始建于清咸丰七年（1857年）。门楣石匾长约1.5米、宽0.5米，上书"东壁"两字，舒展大方，以铁水浇固，至今保存完好。匾额右方，题款"钦加知州衔署沙县正堂黄开先谕建梅列龙冈堡"；左方"清咸丰七年丁巳岁一阳月吉旦"。

东壁石匾

东壁门上，留有七字形"见田阁"古建筑，内祀观世音菩萨、太保公和三圣公，与东壁门相融、相呼应。

东壁门左侧，有棵两百多年的大榕树，仍荫郁茂盛，见证着列西古今沧桑。

东壁门左侧大榕树

（文：黄昌平　图：刑保兴、黄昌平）

7. 诗说垂裕祠

　　省级文物保护单位三元垂裕祠，坐落三元荆山脚下，北依风光旖旎、蜿蜒曲折的沙溪河，南靠郁郁苍苍、鸟语花香的荆山，含抱于三明学院东北部，山川毓秀，人杰地灵。宋人罗裳诗赞曰："真龙古脉属沙阳，荆山南岸隐身藏。灵龟出海回头望，孤雁投湖下嘴傍。"

　　据《邓氏家谱》记载：荆东村古称"归仁里"，属地沙阳，百草丰茂，树木葱茏，为三元邓氏始祖发祥地。"真龙古脉"寓此地人才荟萃、贤人辈出，尤指宋银青光禄大夫邓公克谐八房子孙日后将枝繁叶茂、蒸蒸日上。"孤雁投

垂裕祠全景

湖"为择地造墓专用术语，即坟茔形貌。

垂裕祠前祠后墓，祠墓一体，造型别具一格，具有浓郁汉代遗风，此乃各地少见。

垂裕祠八扇花格门上，镌刻有一首《八音诗》：

> 金紫何曾一挂怀，石田茅舍自天开。
> 丝竿钓月江头住，竹杖挑云岭上来。
> 匏实晓收栽药圃，土花春长读书台。
> 革除一点浮云虑，木笔初开酒几杯。

原诗作者为元代林清。明人陈鼒《百可漫志》云："礼侍蔀斋林先生志祖清，避元不仕，变易姓名，匿居山寺。会府公检册寺中，见清，诘问，且曰：'能诗乎？'曰：'颇能'。即以册号八音命为诗，应声曰：'金紫何曾一挂怀，石田茅屋自天开。丝竿钓月江头住，竹杖挑云岭上来。匏实晓收栽药圃，土花春长读书台。革除一点浮云虑，木笔题诗酒数杯。'府公惊羡，遂与为友。政暇辄携酒过饮，倡和移日。一日忽论海滨人物，因曰：'若林清者雄才硕德，惜未见其人。'林不觉有感。府公曰：'公殆林清耶？'林曰：'若清者公安得见之？此吾所以有感也。'相与尽醉而罢，明日林竟去之。府公再往，访之不见，多方物色，终不见矣。"

陈鼒，字百可，号逍遥子，明中期人，事迹不详，所撰《百可漫志》不分卷，多录明代人物逸事、朝章典故、风尚民俗等。

中国古代"八音"，为八种不同材质所制发出之音，出自《吕氏春秋·孝行》："杂八音，养耳之道也。"《周礼·春官·大师》曰："皆播之以八音，金、石、土、革、丝、木、匏、竹。"

八音入诗，早在南北朝时期，就有沈炯《八音诗》，后唐人权德舆、宋代黄庭坚、孔平仲，直至清代胡公寿等，都作有八音诗。而以诗嘱咐分支、迁播各地子孙，则最早见于春秋战国时期楚考烈王宰相黄歇八言八句诗，后来汉宣帝宰相黄霸夫人巫氏，国内及新加坡、泰国等地华人家族，多在删去黄诗各句中"兮"字和个别字句、尾联改动后，相沿至今，内容基本雷同，变化不大。

《八音诗》

　　客家祖地三明宁化石壁,就仍留有较为通顺的认祖归宗诗:"骏马匆匆出异乡,任从随地立纲常。年深外境犹吾境,日久他乡即故乡。朝夕莫忘亲命语,晨昏须荐祖宗香。苍天永庇诚吾愿,三七男儿总炽昌。"

　　可能受此风俗影响,清代垂裕祠贤人或维修者,将元人林清《八音诗》作个别字句修改后,镌刻于厅堂正上方,以照应克谐公"八房"子孙花开八方、英杰有为。时至今日,远居海内外邓氏八房子孙,前来认祖归宗,或以能背吟《八音诗》为据。

(文:邓衍森　图:林平)

8. 清流东坑书院群

中国古代书院，是一种较为独特的教育机构，其主要功能是修书藏书、著书立说、讲学论道、隐居读书、文庙祭祀和兴贤育才、倡明教化等。古代清流东坑地处偏远，交通闭塞，但人杰地灵，人文鼎盛，一个仅有一千多人口的小村庄，明清之际却有桂园、琢玉、黄岗、六有轩、坑源、坑头、惠山、卧云山、龙吟静室等9个书院，且师资力量雄厚，教育成果丰硕，先后出过进士1名、举人6名、贡生14名（其中拔贡2人），出过8名知县以上官员。

据《东溪陈氏族谱》载，生于明万历三十五年（1607年）的陈廷珍，69岁时立下遗嘱："分关授产又抽祭田外，抽学田20石。"兴学重教，鼓励后人读书。他的长孙陈所闻创建了东坑黄岗书院，陈氏族谱《行实录》篇章中，对他一生的三项功绩给予充分肯定：一是在祖上抽出学田基础上，再置一部分学田，以激励子孙读书上进；二是热心助人，当别人有困难时，经常给予帮助；三是喜欢买书看书，年老时仍手不释卷。陈所闻开创了东坑村家族教育的先例，并影响了他的后代。陈所闻次子陈泰禧，继承父志，致力家族教育，资助四弟、六弟读书，自己"常抱歉际遇不能读书成名，性喜读书"。为了激励后人读书，陈泰禧继续增置学田，创立桂园书馆，并将在本乡田寮山的一片田地，作为书室修整和日常开支来源。后人高度评价泰禧兴学重教业绩，指出"东溪为清邑书香之地，笃行勤学者代不乏人，抑皆其祖父教育有方，故能绵远勿替"。陈廷珍第六代孙陈遇春，学成归来后也执教于东坑桂园书馆。他治学严谨，《东溪陈氏族谱》称其"祖先庭训德行文章，廷师教子身立名扬。维公志业推动州乡，师严道尊比户书香"。

东坑虽地处乡村，但各书院师资力量雄厚，整体办学水平较高。陈允升（1732—1813年），字旭卿，号椒墅。4岁丧父，中年丧偶、夭殇二子，晚年继娶曾氏，年五十二后方得方炜、方东、方延三子。他科场失意，官场无缘，却泰然处之，上至经书子史、阴阳卜筮、医方山经地志等，下至浮屠释典无不博览精研，学有所得，总其要而钩其元。年五十六始充贡，得贡士学衔；年逾八十，仍学小楷。民国三十六年（1947年）林善庆主修的《清流县志·艺文志·文苑传》称其"生平沉潜经史，为文沉静幽隽，五魁其曹。所著《易史一隅》引史证经，士林贵之"。《易史一隅》凡三卷，首卷上经，次卷下经，末卷《系辞》以下诸传。书中大旨以义理之学为主，广泛援引历代史迹以印证《周易》经传，欲使读者由此一隅而全面领悟《易》义，故名其书曰《易史一隅》。对此书，《东溪族谱》载清道光年间林蔚春《陈允升传》曰："卓识鸿议，兼三长（术、学、识）而罗万象，非粹于品而深于学者弗能及也。"今人张善文先生《〈易史一隅〉简述》亦云："陈允升生当乾隆之世，虽处清阳僻壤，但承学有自，研经治史，颇见功力深纯。故其所著《易史一隅》，实即以程、朱学说为根柢，崇尚程颐《周易程氏传》、朱熹《周易本义》之说，并参与李德夫《周易通史简录》；而贯穿全书的泛引史事以证《易》的主导思想，又与李光、杨万里的研《易》手法遥相契合。"（《清流文史资料》1992年第8期）诸如陈允升如此大家亦执教于东坑桂园书馆，自是荣幸。

《易史一隅》书样

陈荣抡，字茂醇，自号酌雅学者，生于清乾隆二十八年（1763年），承家学，10岁起师从陈允升，"年逾二纪"之久，"壮岁提登榕省，肄业鳌峰，掌教陈剑津师深器重之"。与父慎庵先生有"父子祖孙齐美，学富五车"之称。但科场不畅，穷通任命，钻研经史，亲自创办并执教于卧云山书院，坐馆讲《易》，学子如坐春风。晚年居踞半山，"有同甫俯视一切之气概；庭轩雅洁，云卧八极，如元龙高坐百心之楼。时常抱膝长吟，揸颐独笑"。他每天研墨临帖，民国《清流县志》载："其所书大小楷，铁画银钩，有钟王之笔法，当时重之，后世宝之。楷草望兼擅，邑人对其墨迹多珍视之。"

《清流县志》记载："龙吟静室在梦溪里东坑。高山峻岭，至巅可五里许，地平宽衍，广台曲榭，池水四时不涸，莲花馥郁。"传说龙吟静室简易居所，为明末江南僧人是岸所建。清初顺治年间，有一发迹者持千金相赠，是岸即以此款营构佛殿、佛像等，还

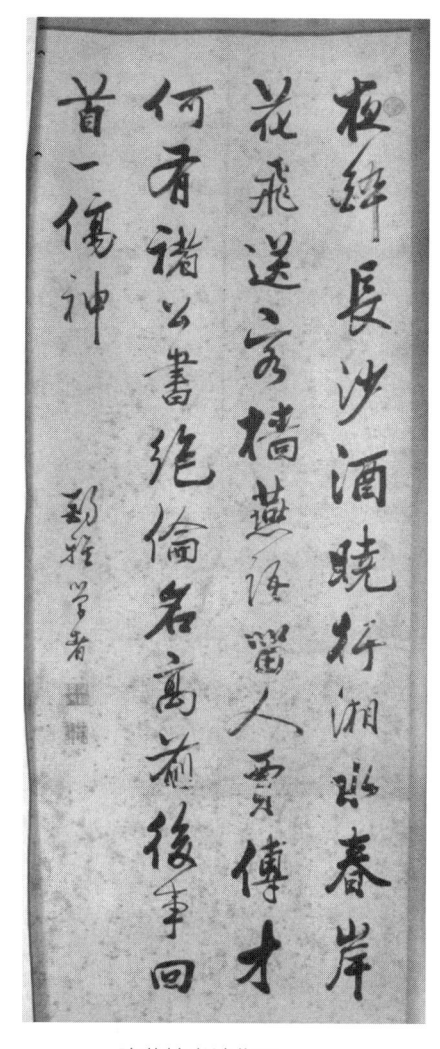

陈荣抡书法作品

买下稻田六七十担。是岸学问广博，喜欢藏书，因而龙吟静室实际上成为东坑一带读书人谈古论今、赋诗作画之地。乾隆年间，陈允升经常来此讲学，龙吟静室实际上又成为名副其实的学堂。咸丰年间龙吟静室因大火焚毁，民国十八年（1929年）村人陈应良重建，抗战时屡遭匪患，房屋倒塌而荒芜。

龙吟静室

　　《琢玉成器》是民国时期锄经高等小学丁班学生陈占熊呈交老师批改的一本装订成册的作业，内有国文、历史、算术、地理等课程，计100页，其中国文39篇共81页。陈占熊国文作业，涉及内容广泛，以政论为多，政论总的意旨大抵针砭时弊、鞭挞丑恶、弘扬正义，探求光明与希望，表达了一名小学生渐趋成熟的思想观念。陈占熊在国文作业中，视鸦片为"无形杀人者""鸦片之害倍于刀兵"，呼吁"吾同胞欲复中土之乾坤，使列强稽首纳贡者必自绝鸦片烟始"。对美法帝国主义在云南强占土地修筑铁路，陈占熊在《对于云南省之观念》中说："况英法觊觎云南以为鱼肉易噬，早有意于蚕食鲸吞……深有望予我政府急急加意以图补救也。"对于谷价上涨，影响百姓生活，他在《近日谷价涨宜如何设法论》中说："设禁约遏贩粜，使各殷户体恤垂邻，议价发粜，毋图利以运外……关梁不租，山泽不赋，士功不兴，此则民得饱之乐，免流离之见。"等等，皆见其爱国爱民之胸襟。

　　明清两代，东坑人为了子孙后代都能成为上等人，鼓励后人读书上进，特地制定了一系列具体措施：一是学田制。东坑村的陈氏祖先都留有一份"常田"（公田），并将其中一部分，划为专供秀才以上用度的"学田"，面积一般 50 担谷田（约 10 亩），凡东坑陈氏子孙考上秀才者，从考上当年起，都可以占有"学田"，学田田租归占有者所有，时间为三年。三年后，学田归新考上者所用。二是考田制。即从"常田"中又划出一部分用来资助需外出赶考者，以确保考生有足够往返路费，保证学子们都能按时顺利赶考，不至于延误考期。三是"学报"制。凡有学子考上"功名"后，均组织族人浩浩荡荡到祖祠"报喜"。"报喜"时，锣鼓喧天，礼炮齐鸣，中考者披红戴花，并在有关人员陪同下，走街串巷，以此鼓励学子们努力读书，博取功名，此俗相沿至今。

创建于明清之际的东坑书院，大多由村里族人或书生创建，并亲自授业。如建于明永乐年间的琢玉书院，清嘉庆年间陈隆照先生在此任教；卧云山书院，为清嘉庆时举人陈荣抡先生所建，并于此长年执教；六有轩书院，为清嘉庆年间陈荣标所建，其本人在此执教；黄岗书院，为清康熙年间陈所闻所建；坑源书房，为清代陈毓离先生所建；清乾隆年间，陈允升等人还常到龙吟静室、桂园书馆讲学。

（文：王莉莉　图：林平）

9. 荣先祠

荣先祠坐落于风景优美的三明市列西街鲤园内，毗邻全国重点文物保护单位正顺庙，与麒麟山公园隔河相对。荣先祠始建于北宋元丰五年（1082年），现存建筑为清同治十年（1871年）重建，祀奉魏氏第二十三世进士魏任，亦为列东魏氏祖祠。原址在三明市列东街，1986年因城市建设整体搬迁至此，现为市级文物保护单位。

荣先祠为典型的闽西北宗祠建筑，坐北朝南，平面呈长方形，通面阔22米，通进深24米，建筑面积528平方米。整体布局错落有致、左右对称，中轴线上依次为前廊、门厅、天井、正堂，两侧为半开放式廊庑。门厅与正堂

荣先祠正面

有高差，前低后高，呈阶梯状，寓意步步高升；廊庑前与门厅、后与正堂梢间相连，围合成天井，天井处摆放鱼缸、石花架以及茶树、牡丹等绿植，极显静谧悠然。

荣先祠为清代建筑风格，以木结构为主，悬山顶，抬梁穿斗式，飞檐翘角，斗栱层叠，梁枋榫卯相交。柁墩、雀替、蜀柱等建筑构件，采用镂雕、透雕等技法，刀法细腻，刻工圆润。装饰纹饰丰富，寓意吉祥，有鱼化龙、鹤鹿同春、松鼠葡萄，以及莲花、牡丹、梅、兰、竹、菊等动植物图案，或施以鎏金，或彩绘贯套，栩栩如生，层次感强。

荣先祠虽规模不大，却具古朴、中庸、庄重特点，彰显当地工匠建筑技艺水平，亦蕴含闽西北深厚文化内涵。

魏任，字亨之，三明市三元区列东村人，北宋元丰五年（1082年）进士。据《福建通志》《处州府志》记载：魏任初授秀州海盐县尉，后历任虔州节度推官、蕲州防御推官、虔州石城知县、处州知州、议郎、兵马都监等职，任上皆有惠政。

三明魏氏源自巨鹿郡。东晋初，晋元帝司马睿都建康，任用以孝行著名的魏氏远祖魏宗生为福建转运使，迁闽，魏宗生为巨鹿魏氏入闽始祖。据《沙县历山魏氏世谱序》载：盛唐时，魏氏十一世孙魏焕"择山水最胜者而居之"，率族人迁居延平府沙县二十四都筠竹村（今三元区中村乡筠竹村）。唐末，魏氏十九世孙魏春因旧居狭陋迁于牛岭，数年后迁历山之东（今三明市三元区列东村），为迁入列东始祖，此后子孙繁衍，成为当地一大族姓。

魏氏二十三世孙魏任为祠祀始祖春六公（魏春），在自家住宅东侧建造家庙，名为"荣先祠"。《说文解字》注"荣"本意繁荣，引申为荣耀、显达；"先"指家族较早一代或几代，"荣先"表达秉承先辈荣耀情怀，提醒后人铭记自己根脉所在。传统的历史文化早已贯通了岁月，渗入到荣先祠，记录着魏氏家族曾经的荣耀，承载着这个家族厚重人文历史。

古韵今风相辉映。历经百年风雨的荣先祠，数次修葺而完好保存，1991年被列为三明市第二批市级文物保护单位。为了让文化遗产更好地融入生活，荣先祠已辟为展厅，先后推出了"钟灵毓秀——三明历史名人基本陈列""三明客家民俗风情展"等展览，文物的活化利用，让观众在感受古代工匠建筑技艺同时，也领略了三明悠久的历史文化。荣先祠已然成为沙溪河畔一道美丽风景、市民一处休闲胜地、学生一处爱国主义教育基地。

1986年荣先祠建筑复原现场

（文：郑华　图：三明市博物馆）

10. 清流静室·书院·茶文化

　　南明，为明朝宗室在中国南方建立的多个政权合称，先后有弘光、隆武、永历三位皇帝，历时 18 年。1645 年闰六月，唐王朱聿键在郑芝龙等人拥立下，在福州称帝，改元隆武，即位不及半月，下诏亲征，影响颇大。时江浙、安徽、江西各地义军纷起响应抗清号召，然军政大权掌握于地方实力派郑芝龙手里，隆武帝本人亦为其挟制，难有作为。隆武二年（1646 年），清军攻下浙东浙南，挥师南下，郑芝龙暗中与清军洽降，撤兵还安平镇，福建门户洞开，清军长驱直入，隆武帝被迫出奔汀州，不久被清军追及并擒杀。

　　据民国林善庆修纂《清流县志·大事志》载："明隆武二年八月，清师入仙霞关。二十二日，帝自延平出奔。二十七日抵汀州，驻二日，清兵追击之，遂执帝于朱紫坊之赵家塘，曾妃同受縶，宫眷从臣死者十余人。总兵周之藩战死，知府汪指南降。妃至九龙滩死于水，帝死于福州。"明遗民、著名方志家宁化李世熊所著《寒支集》亦可佐证："八月二十六日，隆武驾突至清流，二十七日，至汀州，是日驾陷。"

　　隆武帝是历史上为数不多曾经到过清流的皇帝，他对清流最大贡献莫过于下旨创建一批"静室"，因此产生清流独有的"静室文化现象"。李世熊《梦溪塔引》对"静室"描述虽较隐晦，但结合历史背景尚可基本厘清：隆武帝一行行至清流仓盈里沧龙村（今嵩口沧龙村）时，由于清兵前锋紧逼，只得令"六七高缁，携手而入清之梦溪"创建"静室"。"六七高缁"即六七位大德高僧。"漾洄是王仆之因，徜徉即蕉鹿之境"，为理想抱负，"六七高缁"止步清流，奉旨先后创立龙峰、龙吟、鹤山、凤山、祇园、道人山、松林、龙华八座静室。尔后，又迁梦溪塔（普同塔）于东坑龙吟静室左畔。"梦溪塔者，避乱禅贤之所建也。"

李世熊在《梦溪塔引》中解释道："诸贤者，庐州是岸、扬州藻见，自博山天童来者也；金陵白雪、钱塘善生，自杭州真寂院来者也。富阳慈云，自云栖山来吉安，我静亦自博山来者也。南昌公允、仁和应化，则先诸贤而逝者也……他日东流复西，龙象供役，即诸贤之灵也夫。"细品《梦溪塔引》，不难看出李世熊这位前明遗老寄语后人，应继续复明事业，当有复明梦想之心愿。

隆武帝情急之下万般无奈作出的一个决定，"六七高缁"蛰伏清流，七八"静室"悄然创立，不想其所遗存的"静室文化"影响了清流近百年。清初，社会经济遭受严重破坏，像修建佛寺这样需要庞大经费开支的工程，其资金来历耐人寻味。

清流旧志云，在东坑村口跃子山上，龙吟静室初创时，"忽有显者仆赍千金，来人传其乃郎，在籍登甲，居显宦。是岸默不一语，惟罄金以营殿堂、佛像，并置稻田六十担为常住资"；我静于沧龙村河岸侧重建龙峰静室，"敛资鸠工，不二载而殿堂聿新"；"冰鉴不悄众擎，未二年而落成"龙华静室于仓盈里上药范；龙峰对岸鹤山静室，"及懒牧从白雪披剃，不烦募化，取香积之余，与十方自然之喜舍，鸠工治材，已成胜境"。一大批静室创立不仅使"清流仓盈、梦溪二里，佛庐相望"，且给清流文化教育诸方面带来深刻影响。

不少史籍都说隆武帝喜欢读书，无声色犬马之好，是南明政权中一位较有作为的帝王，惜个人力量不足以改变南明整个颓败局势。黄宗羲在《行朝录·卷一·隆武纪年》写道，即便是危难紧急逃命关头，酷嗜读书的隆武帝仍"载书十车以行"，边逃边读，边读边逃，路狭书沉，导致拖慢了逃跑速度。最后，在清流，将他珍爱的十车书赠予"六七高缁"。

显然，这批从江南来的"外僧内儒"文人志士，坚守清邑，不只在"静室"诵经礼佛，而且积极传播儒家思想，进行文化交流，从而极大地推动当地书院建设和教育发展。

东坑，古称东溪，为远近闻名文化古村，明清两朝，东坑出过1个进士、

龙峰静室

6个举人、14个贡生，任知县以上官员有8人，最高官至都察院右都御史兼兵部右侍郎。在这个当年只有三百来户的小山村，先后设立桂园书馆、琢玉书院、黄岗书院、坑源书房、卧云山书房、慧山经馆、坑头书院、六有轩书院，以及龙吟静室9座书院。一时间，儒释道文化在这里相互交融、熠熠生辉。

诚然，明末清初僧人是岸创建龙吟静室，对东坑书院发展起到了推波助澜作用。旧县志云：是岸"购书甚富，日事咿唔"，他学识渊博，记忆超人，"凡古今内外典，天下名山川，一一能述其详。间有疑之者，私取书对之，一无舛错。常好面折人过，虽咤叱怒骂，人不为恨。无他，服其见闻广、阅历深也"。是时，分布在清流仓盈、梦溪山野间的诸静室经常开展讲教活动，成为当地一个个思想文化交流中心。

东坑之所以如此重视文化教育，首先得益于这里村民恪守耕读为本祖训，往往是家族几代人共同努力，接续创办书院，勉励子孙读书入仕。历史上，东坑培养了像陈定应、陈定通、陈伯坚、陈伯达等令全村人为之骄傲的人物，他们或是高中进士而名扬天下，或是受过皇帝嘉奖功成名就退隐返乡过着悠游富足生活。正是这些榜样，时时鞭策后生学而优则仕、学而优则富，以无愧先祖遗训。

生活在清雍正十年至嘉庆十九年（1732—1814年）间的陈允升是其中佼佼者。他从小在龙吟静室读书，博学强记，年二十八即入学进泮，列县庠生，研经立说，教子承家，以此为乐。初设馆于秋口村，后被安砂同姓仰慕聘为"丛桂书院"主讲，永、清、归三县有从学者30余人。期间，陈允升经常回龙吟静室开讲，尔后又被本县邓公重金聘为"薰花园"主讲，传经授业，名噪一时。其著作《易史一隅》简要阐明每卦每爻旨趣，并对《周易》经传各部分内容亦作宏观或微观之解，展示其对《易》理深邃思考。福建师大教授、易学家张善文得闻欣然赞道："首末完备，可资治《易》者研究。"

东坑桂园书馆

此外，在嵩口沧龙，与龙吟静室几乎同时期创立的，还有龙峰、鹤山、道人山、祇园、松林、凤山、龙华等静室，住寺僧人多默默承担传播文化使命。

龙峰静室"规模爽朗，俨然丛林。传于戒月，戒月德性清净，有善知识之誉，所著语录，镌版吴门，声名大著"。鹤山静室，在龙峰对岸，清顺治年

（1650年）僧白雪开辟。今于松竹掩映间，依稀可辨荒废静室墙基、柱石、茶园等遗迹。此后几百年间，龙峰、鹤山等静室皆为清流著名佛寺兼书院，至今当地还有人称鹤山静室遗址所在山垅为"学生垅"，意即此间曾是学生读书处；二十世纪七十年代，由龙峰静室改名的龙峰禅寺，还曾辟为当地小学校址，为社会培养了一批文化人才。

静室还开创了清流茶叶广泛种植的历史。这批从江南而来的僧人，于佛寺周围"遍山植茶"，带动清流民间茶叶种植，并传播先进制茶工艺和饮茶文化。清康熙王士俊修纂的《清流县志·卷之五·寺观》云："顺治初年，有僧名我静，庐陵人，来清。戒行精严，邑人公举，延而居（龙峰静室）焉……种竹栽茶……"在《清流县志·卷之十·物产》中更是明确："种之山者为山茶，种之园者名园茶。山茶味厚，而园茶次之，视作手以为精粗。顺治初年，有江南僧人至清，遍山种茶。依松萝制之，香味并妙，与闵茶无异。"

松萝茶为历史名茶，创于明初，产于黄山。其采制技术，早在四五百年前已达到精湛娴熟程度，具有色绿、香高、味浓等特点，属绿茶类。闵茶，安徽省所产上等茶，清道光乔有豫修纂的《清流县志·食货志·货之属》称："迄今埧埔、梓材、薯坑等乡间传其种。惟九龙峡中所产者，叶虽粗而味尤永，然亦叹可代卢仝之第七碗耳。"唐诗人卢仝《七碗茶诗》："一碗喉吻润，两碗破孤闷。三碗搜枯肠，唯有文字五千卷。四碗发轻汗，平生不平事，尽向毛孔散。五碗肌骨清，六碗通仙灵。七碗吃不得也，唯觉两腋习习清风生。"为后人所传颂。

静室文化，乃清流特有文化现象。其肇始突然，初创即巅峰，虽多数存续不足百年，然对当地文化、教育等影响深远，以至几百年后的今天，当人们在旧志中仔细翻检寻觅其踪迹时，仿佛仍能听到那琅琅书声，闻到淡淡茶香，并为其曾经繁盛而赞叹不已。

（文：王宜峻　图：林旭煌）

11. 将乐含云寺

明弘治十八年（1505年）版《将乐县志》载："含云寺，在县西隅。四山环峙，云气氤氲，故名。唐有异僧结庐其中。宋建中靖国间，开辟为寺。杨文靖尝读书于此。""文靖"即杨时谥号。

清乾隆三十年（1765年）版《将乐县志》载明《洪武二十七年重建黄闻碑记》云："含云禅寺，其始建于前唐间。有异僧经此，睹山之形胜，遂构庐以居。时贤相与辟地建刹。以山多茂木，常雾霭蔽翳，故名之曰'含云'。是后，衣钵相属，代不绝人。至宋建中靖国间，有禅师庆真者，得宗旨于江西泐潭禅师，乃大振宗风，益新轮奂。当是时，闽之上游列刹相望，而是寺实称最。里之先贤杨龟山亦创楼读书于此。"明朝将乐县玉华都人吴复（曾任湖广道监察御史）有诗赞曰："岚烟销尽翠屏开，萝磴清幽半是苔。孤鹤巢边松偃蹇，白云栖处路萦回。清秋古戍风高阁，半夜疏钟月满台。中有前朝僧寺在，先贤从此读书来。"

含云寺住持俗名萧庆真，14岁弃家为浮屠，19岁受戒，得法于江西泐潭禅师，是位颇有名气的得道高僧。杨时曾在含云寺旁建有"读书楼"，并在此读书讲学。庆真大师经常勉励杨时要好好学习，并以浅显事例向杨时传授深奥佛学禅理，由是杨时与庆真大师结下深厚友谊，且对杨时一生产生深远影响。杨时《含云寺晚归寄真师》诗曰："每扣禅关即晚归，尘中回首万缘非。不愁幻翳迷心地，且听潮音振祖衣。归路往来无别径，夜光清澈有余辉。虎溪旧社知重约，陶令如今已息机。"杨时《含云寺真祠遗像记》中亦记述与庆真禅师的情谊。

含云寺

清乾隆年间,"将乐五才子"之一萧正模撰《读书楼记》曰:"含云寺之左山,龟山先生读书楼故址也。先生以熙宁七年(1074年)建是楼,著《礼记解义》,越二三年登第,仕州县。"

《杨时集》中录有含云寺诗作。《含云寺书事六绝句》其一:"兽骇禽鸣翳蔚中,难将此意问鸿蒙。萦回小径苍苔滑,杖屦从今恐不通。"其二:"北山山下一渔翁,形解心凝骨已融。支枕睡余人寂寂,一轩明月满窗风。"其三:"山前咫尺市朝赊,垣屋萧条似隐家。过客不须携鼓吹,野塘终日有鸣蛙。"其四:"夹屋青松长数围,午风摇影舞僛僛。幽禽叶底鸣相应,时引残声过别枝。"其五:"竹间幽径草成围,藜杖穿云翠满衣。石上坐忘惊

39

觉晚，山前明月伴人归。"其六："蝶梦轻扬一室空，梦回谁识此身同？窗前月冷松阴碎，一枕溪声半夜风。"

《杨文靖公全集》书样

杨时潜心经史，研究周敦颐开始、二程奠基、以讲义理为内容的理学，23岁就写出鸿篇巨著《礼记解义》。宋仁宗熙宁九年（1076年），24岁杨时考取进士，25岁时，朝廷授其汀州司户参军，但称病未赴任，继续在含云寺讲学，并著《列子解》。48岁，辞官回乡居住期间，多部杨时年谱记载："元符三年（1100年），先生四十八岁，讲学含云寺，作《勉学歌》示诸生。"勉励学生要爱惜光阴、勤奋学习、淡泊名利。

清初无锡东林著名学子、东林书院山长高世泰建"再得草庐"读书讲学，缅怀杨时先生。沙县罗从彦、顺昌廖刚、武夷山章才邵等，都曾到含云寺向杨时求学。

（文/图：肖胜龙）

12. 宁化豫章书院

　　豫章书院（宁化罗氏家庙），位于宁化县城关小溪边，依河而建，坐北朝南，为硬山顶砖木结构建筑，占地面积 600 多平方米。临街前埕和围墙为"豫章书院"门楼，四条门柱刻有"理学传承千秋盛，家风整肃万代兴""登堂讲学继先圣，标榜纳士启后贤"对联。

　　入院门，是一座琉璃瓦覆盖的重檐歇山式牌楼山门，门面八字排开，峻拔陡峭，四角轻盈翘起，飞檐斗拱，玲珑精巧，气势非凡，既有庑殿建筑雄浑气势，又有攒尖建筑的俏丽。门首上悬"罗氏家庙"金字竖额，两侧分别镌刻"豫章书院""罗令纪·纪念堂"。进得山门，迎面是一个"四水归堂"

豫章书院门楼

长方形天井，天井两侧为回廊式厢房；硬山式正殿面阔三间，进深二间，宽敞明亮，庄严肃穆，即教学课堂和族人议事场所。

开疆辟土，建镇设县

宋开宝元年（968年）清徽殿大学士罗颖在《豫章罗氏源流总序》中记载："罗氏出于重黎，为黄帝司徒，曰祝融，是时以火把施化，号曰赤帝……周初封其后于罗国，因以为氏，凡罗皆其后也。"

罗珠，号灵知，生于公元前245年丙辰四月十四，原居湖南长沙府浏阳县东乡纯江。汉高帝时仕汉，初为治粟内史，惠帝三年（前192年）奉诏东迁九江郡之豫章沟（今江西南昌），并在此率领民众修筑城池，植豫树、樟树于庭前，故称郡城曰豫章郡。

隋开皇年间，珠公第21世裔孙罗景春随父庆祖公由江西豫章入闽，栖居于今沙县，挽草开荒，播种耕耘，生有四个儿子。二十年后隋大业十四年（618年），罗景春长子罗万发由今沙县地析居黄连峒竹篠窠（今宁化县治所）。罗万发率众筚路蓝缕，披荆斩棘，开疆辟土，成为"发迹他姓之先"最早开发宁化的领头人。唐乾封二年（667年）黄连峒建镇后，潮州北界、福州西界避役百姓三千余户相率入居黄连镇，由是农牧业及手工业日益繁荣。

据《罗氏族谱》载：唐开元十三年（725年），福州长史唐循忠奉诏赴黄连镇巡查户籍，正为韩江两岸开垦的阡陌桑梓而惊叹时，一位长衫方巾中年人马前拜谒，向他提出将黄连镇升格为县治请求。唐长史下马询问其详，中年人自称乃中原移民罗景春玄孙，罗万发曾孙，名令纪，字毓政，号维纲。面对此人业绩与勇气，唐长史颇为感动，但无权擅自批准设县，乃引荐令纪向朝廷面呈此事。

时年37岁的罗令纪血气方刚，不远千里，跋山涉水来到长安，向朝廷奏报黄连峒业经开发已成规模，请求置县。罗令纪奏请得到唐玄宗李隆基赏识，诏其"当道委公董理"一切建县事宜，不久又加封其为"义士"，赐予冠带玉帛。由此，罗令纪被后人尊为宁化开县始祖。

致仕返乡，开馆讲学

清雍正十三年（1735年），宁化罗氏家族出了举人罗登标。其曾任福建松溪县教谕，后出任江西崇仁县训导、教谕，读书万卷，学富五车，尤对《易经》颇有研究，著有《学易阐微》等，收入《四库全书》。清乾隆三十年（1765年），罗登标致仕返乡，不甘寂寞，一心想将满腹学问传授后人，在罗氏家庙广收弟子，开馆讲学，取罗氏郡望堂号"豫章"，将罗氏家庙名为"豫章书院"。

苏区家庙，红色书院

豫章书院（宁化罗氏家庙）曾浸染红色基因。中央苏区第三次反"围剿"胜利后，宁化县苏维埃政府保卫局成立，隶属闽赣省保卫局，先后由高孟裁、陈长青、廖敏文担任局长，下设侦查、执行、总务三科和一个武装保卫队，共60余人。罗氏家庙成为县苏维埃保卫局办公场所，西厢房为临时监所。

历尽沧桑，旧貌新颜

罗氏家庙（豫章书院）自创建始，历经六百余年沧桑，先后经康熙四十一年（1702年）、乾隆七年（1742年）、嘉庆十二年（1807年）、道光六年

(1826年)、咸丰元年(1851年)、同治三年(1864年)六次修葺加固,保留了旧制。二十世纪五十年代,罗氏家庙遭严重破坏,一度被生产队改作猪圈牛舍。"文革"期间,还被作为"封建残余"受到肆意损毁,梁倾柱斜,破损不堪。改革开放后,拨乱反正、正本清源,文物古迹保护日渐重视。1985年、2002年、2015年多次进行维修。

目前,豫章书院仍保留着原有旧貌且焕发出现代风采。1998年10月,经专家鉴定,豫章书院被列为宁化县文物保护单位;2005年5月,被列为省级文物保护单位。

(文:罗旺水、张少华　图:廖伙珠、黄庆华)

13. 邓氏收藏馆

三明邓氏收藏馆,是三元邓象占先生于 2017 年春创办的一家私人珍藏馆,占地 300 多平方米。邓象占,三元区人,现为福建省收藏家协会副会长、三明市收藏家协会会长和荆东垂裕祠省级文物保护理事会会长。馆内收藏着其个人历经数十年收藏的上千件各类瓷器、铜器、玉石、木雕、根雕、明清古家具等。藏品门类繁多,许多藏品十分珍稀,尤以和田玉雕双蟹、水晶观音佛像、紫檀木屏风为少见精品,精美绝伦,极为珍贵。

紫檀木边座嵌瓷画屏风

紫檀木屏风，八字形五屏式，通高3米、横5米，共五扇，中间一扇最大，向左右尺寸递减。紫檀木框，顶部为镂雕云龙纹帽，两边雕花站牙，下置须弥式紫檀木底座。屏心嵌以瓷板画，中间一幅为清代宫廷画家郎世宁绘《弘历雪景行乐图》；左右两侧选自雍正《十二美人图》，分别为：桐荫品茗、裘装对镜、烛下缝衣、倚门观竹。画中人物惟妙惟肖、色彩高雅。屏风每联上下端雕刻紫檀木浮雕云龙纹，底座上饰有云寿纹，材质上乘、雕工精湛。

《弘历雪景行乐图》描绘的是乾隆帝岁朝与皇族子弟共庆新春情景。画中乾隆手拈如意，一男童火盆内燃烧柏枝，寓意辟邪祛秽、"百事如意"。旁侧少年手持挂有双鱼磬戏戟，寓意"吉庆有余"。铺撒芝麻秆以供"踩岁（祟）"，寓意"岁岁平安"；堆雪狮占吉辟邪以及地上燃放的爆竹、门楣上红色春联等，皆喜庆迎新吉祥物，祥瑞纷呈，热闹喜庆，表达辞旧迎新时人们对未来美好生活的憧憬。宫苑中有覆盖着皑皑白雪的松、竹、梅岁寒三友，寓以中国传统文化清雅之意，尽显乾隆一贯尚雅趣味。

1714年，郎世宁被耶稣会派到中国传教，因擅长绘画，被延揽宫廷任职，历康熙、雍正、乾隆三朝，长达51年。在东西画家合绘岁朝画中，充分展现了郎世宁西洋画的人物造型与明暗光影等方面写实功力，从中也看到了中国画的严谨布局、笔墨韵味和工整繁复、细致精巧等画风。

《桐荫品茗图》美人手拿薄纱纨扇，跷腿端坐，在树下静心品茗，儒雅高贵，显露宫中女子涵养。其犀利的方直线条造型，与梧桐叶椭圆线条形成对比，弱化了过于硬朗的直线。《倚门观竹图》美人直立造型线条与刚正不阿的竹子形态线条互为映衬，活泼的竹叶线条韵律增添了画面装饰美。精致庭院里，小小一隅摆满了各式花草盆景，竹石满目，景致俏丽，美人正从门边探出，观望这满园春色，惟妙惟肖、生动传神、意趣盎然。《裘装对镜图》美人身穿裘装，腰戴玉佩，一手拿铜镜，一手拿暖炉御寒，专注铜镜自赏。画面中桌榻后背景是一幅行云流水、笔墨酣畅的七言行草挂轴，据研究考证落款为"破尘居士"所题。破尘居士是雍正皇帝作为雍亲王时，自取雅号，以示自己清心寡欲、不问荣辱功名。树根榻和画面右下角斑竹仿藤式坐墩，与左上方红釉兰花盆饰构图均衡，布局精妙，空间感强。《烛下缝衣图》前面荷花与桌上红烛均示夏夜，美人轻拈兰指，穿针走线，专注缝补，窗外一只红色蝙蝠飞舞在翠竹间，寓意"鸿福将至"。《十二美人图》屏风四条幅画风精细，画中美人修眉细目、削肩柳腰、皓腕凝霜，此乃清代美人画特点，与历代美人图描绘方式一脉相承，具相同审美意趣。

和田玉雕双蟹

和田玉雕双蟹以写实手法整体打造而成，呈椭圆形，形象生动，栩栩如生。螃蟹八条腿，八谐音"发"，有发达、发财等寓意，亦象征八面来财、财运亨通；宋代州县的发解试，考中的称举人，第一名为解元，蟹谐音"解"，寓意学有所成、金榜题名；螃蟹煮熟后呈红色，寓意红红火火、鸿运当头、好运连连。此外，螃蟹八只脚落在地上，寓意四平八稳、步步高升。

邓氏收藏馆内另一精品为水晶质地观音佛像。观音立于莲上，面相丰满端庄、典雅空灵，脸形呈方圆，五官匀称、眼略俯视、怀抱幼童，表情静穆柔

水晶立莲送子观音

47

和，造型优美。水晶体厚重，衣纹流畅，面目慈祥，雍容典雅，整体具有内敛神圣气质。

（文：林小妹　图：林平）

14. 古迹口：尤溪沿岸古老码头

　　古迹口是闽江重要支流——尤溪河段中上游的一个码头，下有雍口、源湖两个码头，上有街面码头（终点站）。历史上，从福州船运回来的货物，到古迹口码头卸下，经大坪、华园、肖坂陆路运往德化县。

　　古迹口，方言"护德口"，位于尤溪干流古迹支流的出口处，是坂面、街面中间地带，也是尤溪与德化货物往来的重要港口。古迹支流从青坑、常山缓缓流出，途经古迹口注入尤溪。中游的常山村段洋面宽阔，呈圆形，接近古迹村时突然收窄，然后又逐渐开阔。两个村子连起来，洋面呈宝葫芦状，

古迹口古民居

古迹村处为"葫芦口"。因此"护德口"原名极有可能是"葫芦口",因古今语言差异和外来人员直译偏差,"葫芦口"便成了"护德口"。

尤溪干流的仁厚(原名林后)、古迹口两个村庄交界处,因蓬莱山山脊延伸,形成一个大转弯,拐角处水面宽阔、水深莫测,传说有龙出没。大旱年头有百姓到潭边求雨,而龙王总是不负众望,干旱季节总能降下甘霖。当地百姓为感谢龙王,奏请皇上恩准,敕封"龙潭"。一天,皇帝派凌御史(凌辉,坂面人)运送皇上亲笔题写的"龙潭"石碑至古迹口。面对宽阔的水面,凌御史高声道:"如若露出龙头来,我便把'圣旨'立于岸边,若不露出龙头我便调转船头回坂面。"老龙王担心御史被惊吓,便把龙尾露出水面。龙尾展露时,风雨大作,大浪滔天。凌御史见状惊恐万分,立即调转船头。船行至坂面凤岩时,凌御史回头一看,身后依然波涛汹涌。因担心翻船,凌御史令随从立刻将皇帝亲笔题写的"龙潭"石碑抛入水中,瞬间龙潭水面恢复平静。与古迹口"龙潭"石碑同时运来的,还有台溪乡凤山村吉祥寺的圣旨石碑,吉祥寺的圣旨石碑至今还在,但只剩下一小部分。后人为纪念皇帝御笔题写的"龙潭",便把"护德口"更名为"古迹口"。

古迹口龙潭

尤溪干流古码头自下而上虽多，但唯雍口、源湖、古迹三个码头是货物集散码头，其余均为旅客码头。雍口码头和源湖码头有"前走（跑）后走，不如雍口""前蹲（方言［kú］）后蹲不如源湖"之誉。其中雍口码头最为繁华，因其地处尤溪县城至尤溪口中间段，往来船只大多在雍口过夜。货物抵达雍口后，一部分销往溪尾、洋中、中仙，另一部分继续往上游运输。源湖也在尤溪至尤溪口中间段，同样是船夫、过客食宿之地，货物可运往玉石、下堡、墘美、丁地、百丈漈，直达沙县，但因所经村庄人口较少，生意不如雍口。

古迹口在地理位置上比雍口、源湖更具优势。主要是尤溪干流在这里有一个大转弯，水面宽阔平静，是天然船坞，可同时停泊吃水较深船只，每天有十几艘木船停靠，且所处位置避风效果好，方便商贸往来。直至二十世纪七十年代，古迹口还一直是船夫卸货、休息的好处所。

古代，从省城福州运往尤溪的货物主要有食盐、洋油（煤油）和生活用品。古迹口是食盐、洋油（煤油）和生活用品集散地，是远近闻名港口码头。于是，许多客商纷至沓来，古迹口也成了多姓氏客居地。据了解，古迹口曾经有林、庄、李、郑、张、罗、陈、黄、兰、雷、王、潘、卢、谢、刘、钱、徐等17个姓氏（目前个别姓氏已迁移或消失），他们大多是泉州、晋江、永春、闽清等地客商及其后裔。由于商业发达，1949年以前原住民只有一百多人的古迹口，有3家药店（其中一家为西医馆）、3家客栈、1家赌庄、1座茶楼，并长期有福州方向来的艺妓入住，俗称"婊婆"，还有打铁、编篾等手工业作坊。行走在古迹口老街的石板路上，还依稀可见当年繁华景象。

古迹口有三行：灰行、纸行、婊行。行，交易所之意。古迹村常山自然村盛产白石灰。白石灰是古代建筑重要原材料。常山生产的白石灰经古迹口销往城关、坂面、梅仙、西洋以及南平、福州等地，所以古迹口首先是白石灰销售市场，古称"灰行"。其次，古迹、常山、青坑、大坪直至德化，沿途盛产毛竹，古代毛竹很大用途是造纸。因此古迹口又是纸业销售市场，古称"纸行"。第三，古迹口地理位置重要，又是繁华港口码头，因此吸引了福州等地众多"白脸婆"（艺妓）入住，所以有古迹口的"婊行"。此外，古迹口还是德化白瓷集散地，德化县大量的白瓷在古迹口装船，运往闽清、福州、长乐等地。

至今，古迹口还存有古茶楼，也叫古茶行。从古迹口老街步入客店巷，不远处就是古茶楼。据古迹口《林氏族谱》记载，茶楼与林氏宗祠"植德堂"均建于清康熙八年（1669年），距今已有355年历史。古茶楼为两层悬山顶穿斗式木构架，占地面积约100平方米，建筑面积约200平方米。上下两层各有一个客厅和四个房间。一楼客厅天花板用竹篾、泥土建造，能更好隔音、防尘；二楼客厅精致典雅，穿枋刻有花草图案。房间墙上，还留有当年茶客、茶女名字。

古茶楼

如今，古迹口的古堡、古民居、古官道、古井、古学堂犹存，具有较好文化旅游开发价值及商业贸易、船政码头等历史研究价值。

(文/图：张宗铝)

15. 中村草洋

明洪武二年（1369年）张伯四肇基中村草洋至今已655年。张伯四原居永邑（今永安）贡川流栏阁乡，后移居沙县二十四都，至白水村前村仔牧牛，见秀一洋，四水拱聚，地暖风和，符牛珉之兆，因筑茅房以牧业，巧遇堪舆，定向辟基，构建祠堂，取名草洋。发派邻村有顶太、坑源、牛架山、小坑源、杜水、廖源村，以及建宁、铭溪等地。

草洋村

高海拔村

草洋村，地处三明市区第一高峰莲花峰主峰山麓，共178户，约800人。距市区19公里、锣钹顶4公里，海拔1022米。

莲花峰海拔 1502 米，"太阳半天现，峦峰接汉霄"，可观日出、观云海、观晚霞。峰顶有齐天大圣香炉，下有仙人锯石、叠石、乞丐石、棋盘石、蛇碣石、仙人示迹、仙人泉、古驿道等风景古迹。清乾隆五十四年（1789年）村民张茂春、张宾海等集资三百两白银，修成从草洋至十周峡砌石路面，迄今每年仍有数万人到此观光旅游。

草洋村新一届村委，拟将草洋及周边开发成以水源涵养、生态休闲、高山避暑、森林康养、户外拓展、骑行健身为一体的城市周边休闲基地，以助推乡村振兴。

张氏汉剧

闽西汉剧为我国古老地方剧种之一，属西皮、二黄声腔体系，旧称外江戏，亦称乱弹，福建及周边主要流行于闽西、粤东、赣南、闽南、台湾等地，影响遍及东南亚地区，已有 400 多年历史。

相传汉剧有 800 多出传统剧目，如《二度梅》《百花亭》《祭风台》《状元媒》《宇宙锋》《王昭君》等。明人袁中道日记记载，明万历四十三年（1615年）中秋节后一天晚上，在沙市接受诸王孙宴请，其间观看了"楚调"《金钗记》演出。"楚调"乃汉剧前身，清初又称"楚曲""汉调"，早年流行于湖北境内长江、汉江流域。历史上襄河、府河、荆河、汉河四大河派，在武汉不断融合发展，最终形成汉剧。京剧大师梅兰芳曾说："京剧剧目很多是从汉剧里搬过来的。"如《击鼓骂曹》《乌盆记》《卖马》《碰碑》《琼林宴》等。京剧早期演员如米应先、余三胜、李六、王洪贵、谭志道等，亦皆出自"汉班"。武汉大学艺术学院教授、博导郑传寅认为"汉剧首创的西皮二黄板腔体系，向北直接孕育了京剧，向南对粤剧等地方戏曲剧种的形成也产生了至关重要的影响"。

草洋张氏汉剧，于清同治年间从江西传入，又名江西调，传入草洋后取名"乐乐欣"，属小腔戏种。伴奏分文武场，妆容近京剧，依旧保留年代久远的"封台""拍八仙""加官"等传统仪式，原以本地方言演唱，现多以普通话替代。张氏汉剧至今仍在演出的剧目主要有以下三部。《三仙献宝》讲述的是凡间积善人家新构华堂，福、禄、寿三位神仙前往庆贺，并献上各自携带的珍宝，以祝福幸福、吉祥、长寿。该剧警示世人"勿以恶小而为之，勿以善小而不为"，只有积德行善，才会幸福美满、健康长寿。《杨波上寿》讲述的是兵部尚书杨波寿诞，其子贺寿时，朝廷降旨将他调任地方官，杨波叮嘱其为官三条：清廉、爱民、守法。该剧警示世人为子要孝、为长要慈、为官要廉。《杨延昭发兵》讲述的是杨延昭镇守边关，辽兵犯境并摆下无名恶阵，杨元帅无法破阵，派焦赞、孟良去请马氏四夫人、五哥杨五郎前来一同破阵，派其子杨宗保沿途打探消息。该剧警示世人精忠报国，位卑勿忘忧国。

草洋张氏汉剧伴奏乐器主要有二胡、月琴、三弦、笛子、琵琶、唢呐、锣、钹等，并间用马锣的"川打"，有一定特色。

演出剧照

遗存古迹

福兴堂,为张氏家庙,建于明英宗正统四年(1439年),供奉如来佛祖像、三宝佛像、南海观音佛像,门楹额有"鹫岭"题匾。

福兴堂

德昌祠,为张氏宗祠,建于清康熙十七年(1678年)。相传一地理先生到草洋一游,朱家以茶相待;范家不予理睬;张家啖饮以待,家中仅有一床,母子二人坐立一夜,将床让与地理先生。地理先生感其德,而教其迁居此处,建屋居之,取名德昌祠。

飞凤阁,又名文昌阁、书斋楼,建于清康熙三十一年(1692年)。二层楼阁,上层供

张氏宗祠踏石路

文昌君像，左朱衣、右魁星，额曰"六府"。下层有杨、罗、李、朱闽学四贤神位，额曰"继往开来"。有楹联"斯文传自鲁，吾道在其南"。梅列魏圣辉诗云："行如飞凤势冲天，楼阁层上住圣贤。爽气直凌霄汉表，文光横射斗牛边。四园松竹侵檐外，万里江山欹眼前。不是寻常烟火境，抠衣云路舞翩翩。"

紫云寺，位于莲花峰半山，建于闽王龙启元年（933年），由张氏始祖明慧公为首创建。大殿正厅供奉释迦牟尼佛像，左厅供齐天大圣佛像。

（文：林日上　图：刑保兴、曹建平）

16. 明溪白沙桥的沧桑岁月

明溪县城有一白沙桥，又名龙门桥，现名东方军桥。其横亘渔塘溪，文化底蕴深厚，实用价值高，甚至为明溪县城代名词。

与明溪县同龄的白沙桥

渔塘溪，源自距城区 10 公里五通凹，由峨眉山城北溪与雪峰山南关溪汇合而成，经岩前黄沙溪，汇入莘口沙溪。渔塘溪绕明溪城而过，其正北处有儒学桥直达峨眉书院，偏东处有济川桥通往将乐方向。明成化六年（1470 年）明溪建县，称归化县。白沙桥始建于明成化八年（1472 年），由首任知县郭润主持建造，已有 550 年历史。

豪华壮观的步行桥

明天启三年（1623 年），邑人李应宿、李茂春在旧白沙桥东百余步，即东乐门外岸边，新建白沙桥。下开四个水门、三个破水"刀"。上构桥屋三十九间，中建三层六角楼，祀魁星，并延请汀州府通判李应午题匾"龙门首渡"，后本邑进士谢家澍题匾"星桥亘汉"，进士陈汝元题匾"杰阁干云"，均悬挂于桥楼之上。三层桥楼整齐别致，中六角楼巍峨宏大，时为明溪最豪华桥梁。

从白沙桥楼上，可眺望"明溪八景"中的"狮塔标奇"及周边"白沙夜

月"。每当月朗星稀，坐在白沙桥楼花厅放眼望去，近处是月色笼罩下的田野溪流，渺渺茫茫；远处是隐隐约约狮山高塔，影影绰绰，如梦如幻，予人无限诗意与遐想。明人陈喆《白沙夜月》诗云：

　　十里寒涛拥白沙，一川晴雪洒蒹葭。
　　坯头黄石谁遗履，岸上青苔或浣纱。
　　题柱当年成感慨，吹箫明月想豪华。
　　鱼龙寂寞渔矶冷，好拟西风泛远槎。

明代陈喆诗　　　　　　　　　　明代所建南山塔

屡毁屡建的古桥

清乾隆十六年（1751年），一场特大洪水冲毁白沙桥，墩毁岸崩，屋柱倾颓，窗棂脱落，檐断瓦飞，一片狼藉。清乾隆二十三年（1758年），知县赵垣召绅士、商贾商讨修复白沙桥，民众自发义捐，经数月抢修，使"塞者通、破者完、废者补、旧者新、倾者扶、斜者正"。知县赵垣撰《重建白沙桥碑记》。清光绪十九年（1893年），洪水再次冲毁白沙桥，邑绅陈兴嗣、黄仕繁、梁达成等捐资，将桥关四门修复，因经费不足，桥屋、桥楼未能重修。1933年，就在民国政府将归化县改为明溪县的4月14日，特大洪水又冲毁儒学桥、济川桥和白沙桥，桥关崩塌殆尽。1941年11月，在民众催促下，县长王维梁召集叶大增、黄玉昆等组建"明溪县修建龙门桥委员会"，募款筹建，将白沙桥四个水门，改为三个水门、两个破水刀，桥面用三合土加固，桥楼因已坍塌，未重建，此后仅用于通行。

古桥与太平军、红军的往事

清咸丰七年（1857年），太平天国翼王石达开"天京事变"后，率军二十万自江西入福建。五月，据龙湖，毁圣庙，先后占据全县二百多个村庄。九月，在离县城十里处岩里村赖氏祖堂设攻城总部，清知县罗楠拟炸毁白沙桥以阻太平军攻城。踌躇间，太平军已从白沙桥蜂拥而进，罗楠仓促率众守城，被乱石砸死。岩里赖氏祖堂厅柱上，至今仍留有太平军一副对联："统

貔貅出都门召集英豪清满虏穴，扫胡妖到天涯聚成俊杰保太平天。"

1931年7月初，红军解放归化城，毛泽东、朱德亲临明溪指导革命斗争。毛泽东住城北四贤祠，朱德住白沙桥东一里远的谢厝湾。朱、毛常经白沙桥进东乐门到县城办事。

白沙桥当代的重修、重建

1957年，三明荆西至明溪荆谢公路通车。1958年白沙桥再度重修，桥面铺上粗厚木板，加宽加固，以通承重汽车。1966年，红卫兵贴出告示说"白沙桥"名宣传白色恐怖，要废除，并改名"东风桥"。1988年，县政府拨出专款将"白沙桥"改建成钢筋混凝土桥。20世纪90年代，明溪县委提出"开发河滨路""小县大城关"建设目标，"五纵五横"道路不断延伸，河滨北路逐年繁华热闹，白沙桥也由城外桥变成了城内最拥挤的一座桥梁。2013年，福建省财政厅支持明溪老区建设，拨出专款重建白沙桥，历时三年，2015年竣工。新建白沙桥，采用现代建筑材料和建桥技术，桥面双向六车道，两边留有宽敞人行道、护栏石雕，上刻原桥题匾图案和古人题诗，两边桥头塑有红军雕像。还竖起装饰性半椭圆形高拱，装上各色彩灯，斑斓艳丽。

白沙桥承载着明溪的历史，蕴含着人文要素，具有深刻内涵。它是明溪建县的象征、县城的标志和一个时代发展进步的缩影。

（文/图：李云生）

17. 坑头灵峰寺

尤溪八字桥乡坑头村深山藏古寺，灵峰寺就位于龙凤院自然村北面。现存灵峰寺1987年修建，木构，一层三开间，悬山顶，覆黑瓦，远观与村庄木构民房相似，不同之处在于屋脊两端上饰双龙戏珠与翘角。寺左侧，为近年新建砖混结构厨房、餐厅，主要用于寺里做醮会时办贡品、聚餐之所。

现灵峰寺主供清水祖师，配祀观音菩萨。清水祖师又名蓬莱祖师、普庵祖师等，俗称祖师公，是泉州安溪一带主要保护神，主要职能为祈雨，他一生热心慈善事业，劝人造桥数十座。据林国平、彭文宇著《福建民间信仰》

灵峰寺

介绍，清水祖师俗姓陈，法名普足，泉州市永春县小姑乡人。生于宋仁宗景祐四年（1037年），圆寂于建中靖国元年（1101年），享年65岁。

清水祖师幼年出家大云院，长而结庵高泰山。曾慕名诣大静山，拜谒明松禅师，道成业就后，受衣钵归高泰山，后移居麻章庵。47岁前，主要生活于永春县，元丰六年（1083年）应邀往安溪县蓬莱祈雨，刚到蓬莱，正天降大雨，遂声名大噪。当地人极力挽留，并在张岩山（今蓬莱山）建筑寺庙，请其住持。清水祖师遂又移居清水岩，直至圆寂。清水祖师去世后，被当地百姓奉为神灵，加以膜拜。

淳熙元年（1174年），尤溪干旱，二月十八日大田保乡民温大立等到清水岩进香求雨，并乞清水祖师神像回乡奉祀。由此可见，现灵峰寺供奉之清水祖师，乃尤溪人从安溪清水岩请来，且先到大田保（南宋时隶属尤溪），后到灵峰寺。《闽沈坑头余氏统谱》载：本姓与六境共立灵峰寺，坐癸兼子，祀常住三宝香火，后下畲宫清水祖师寄祀，见此胜地，不肯回宫，遂祀在此。灵峰寺原本祀奉三宝，后增祀清水祖师。

灵峰寺虽几度翻建，但寺用木材旧有，如正厅两侧枋上瓜柱，经专家鉴定为明代样式，而比瓜柱更古老的那口锈迹斑斑铁钟，铸有铭文："山门灵峰院，□□□公仕□、公文欢、住持僧陈景通，化□信男善女一百余人，舍资财造鸿钟一口入院，求充食，乞保人人清吉□，嘉定元年秋月吉日。□洋匠人陈宝。"其中七字难以辨别，标点为笔者所加。嘉定，乃南宋宁宗年号，嘉定元年（1208年）距今已八百多年。灵峰寺建造时间当早于1208年，因钟乃灵峰院住持陈景通化缘百余人后请人铸造的。

古钟

地名是文化的活化石。山门，原指佛教寺院大门，后借指寺院。从灵峰寺鸿钟铭文记载的"山门灵峰院"看，这"山门"似乎不指灵峰院，因"山门"是"灵峰院"定语，用来界定"灵峰院"，以此推断该"山门"所指寺院当早于"灵峰院"。前山门与后山门两个自然村之间隔着一道山脊，有一条小路连着。从现有资料推测，这一带曾有古寺院，且有一座宏伟山门，或前后两个山门。许是"山门"毁坏后，此地村民仍以"山门"指代地名，以致后来演变出前山门、后山门两个自然村。

龙凤院位于后山门、院头之间，狭长，西高东低，南北两侧民房依山而建，中间有一片不规则稻田，小溪蜿蜒其间，公路紧靠南侧山脚，向院头自然村延伸而去。后山门、龙凤院、院头这三个自然村连成一片，其地名皆与寺院有关。然而除一座简单灵峰寺外，却找不到任何痕迹。"龙凤院"与"灵峰院"，在坑头方言中发音相近，可能"灵峰院"变成了"龙凤院"，也可能这里曾经有叫"龙凤院"的寺院。

悬鼓　　　　　　　　　　　瓜柱

比灵峰院更老的那些自然村：后山门、前山门、张坑、卓坑、谢村等，早已没有了"山门"痕迹，也没有张姓、卓姓、谢姓人家，更没有相关历史文字记载，唯有简单地名。但不论历史经历了什么，灵峰院的古钟、饱含历史信息的地名，已足以让我们相信这里是一片古老家园，这一带曾是佛教圣地，曾经晨钟暮鼓、经声朗朗。

（文/图：罗联浔）

18. 沙县陈了斋祠堂

陈了斋祠堂（忠肃陈公祠、了斋书院）位于沙县区城关第一小学校园内，是一座正对校门的木构古建筑，五开间，木柱斗拱，天花板为雕镂精细的七层藻井，两翼有两庑，东为燕室，西为神厨，前为仪门，两边为几字形风火墙。前门建有牌坊，大门上方嵌双龙匾额，上书"奉旨祀典"。门上横额题"忠肃陈公祠"，两侧各书"忠贯日月""学究天人"，左右对联为"仰不愧天，俯不怍人，千古允称忠肃谥；穷不失义，达不离道，八闽唯见了斋翁"。门前两边安放一对抱鼓石（门当）。

陈了斋祠堂正门

陈了斋祠堂祭祀的是陈瓘（1057—1122 年），字莹中，号了斋。该建筑原为陈瓘故居，其祖父陈世卿由永安（旧属沙县管辖）固发冲（今贡川）迁居沙县城西。陈瓘自幼在家中书院读书，宋元丰二年（1079 年）考中进士，殿试成绩为一甲第三名（探花），官至右司谏（四品）。陈瓘仗义执言，不与蔡京、蔡卞、章惇、安惇等好大喜功权臣为伍，因被忌恨而屡遭贬谪，宋宣和四年（1122 年）卒于流放地楚州（今江苏淮安）。

聚星堂

勤奋好学的榜样

陈瓘刻苦求学，以殿试第三名（探花）成绩为沙县学子树立勤奋好学的榜样。他饱读诗书、博览经史，对儒家倡导的"修齐治平"有着发自内心的自省自谨，也是他面对困顿的精神支柱。他在《杂诗二首》其一云："床头史记千番纸，世上兴亡一窖尘。惟有炳然周孔道，至今余泽浸生民。"从中表明陈瓘饱览中华典籍，对传承文明道统有着文化自觉。其二："大抵操心在谨微，谬差千里始毫厘。如闻不善须当改，莫谓无人便可欺。忠信但将为己任，行藏终自有天知。深冬寒日能多少，已觉东风次第吹。"表明他对儒家慎独自省修身方法的执着追求。积思成言、积言成行，陈瓘洁身守道的人生态度一直为后人所称颂。

陈瓘书法造诣颇深，他的《仲冬严寒帖》珍藏在台北故宫博物院。

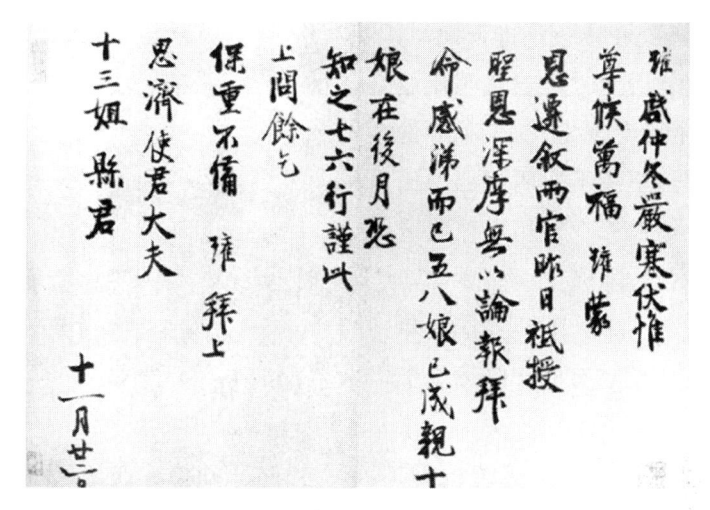

陈瓘《仲冬严寒帖》

重视教育的笃行者

陈瓘主张教育是一个人成长的重要途径，并提出两个重要观点：择师、幼学。陈瓘认为"择师"是求学第一要务，"思诚之道，莫先于学；务学之要，在于求师"。学生在老师循序渐进指导下，才能做到"心远而莫御，气融而无间；物格而不惑，养熟而道凝"。其次是"幼学"理念。"幼学之士，先要分别人品之上下。何者是圣贤所为之事，何者是下愚所为之事。向善背恶，去彼取此，此幼学所当先也。"陈瓘认为儿童一入学就要加强是非、善恶等思想教导，要在人品上下功夫。陈瓘的"幼学"教育理念被朱熹接受，他的《谕子侄文》被朱熹编入《小学》中。

清正廉洁的楷模

陈瓘初入政界就面对北宋新旧党争乱象，他认为"朝廷之所谓是非者，乃天下之是非也"，不能以"合其取舍为是，不合其取舍者为非"。他撰写折奏《论蔡京疏》向皇帝指出蔡京不端品性和结党营私之举；撰写《尊尧集》

对王安石政事、学术理论进行批判。陈瓘调任越州通判时还兼任明州通判，按当时制度规定可以领两份"职田"，但他坚决不要明州那份田租，把它上缴府库。宰相章惇以老乡身份拉拢他，陈瓘反而向章惇建议要"消朋党，持中道"。靖康元年（1126年），宋钦宗有感于陈瓘忠于职守，追封陈瓘为谏议大夫，并指定在沙县故居"钦建"了斋祠堂。南宋高宗绍兴二十六年（1156年），特赐谥为"忠肃"。

陈瓘清正廉明的形象深得人心，一些文人墨客以他为原形进行创作。如明代郑瑄《昨非庵日纂》之陈瓘《饭后一句话》篇，萧良有《龙文鞭影》之《陈瓘责己》篇，冯梦龙《智囊》之《陈瓘料事如神》《陈瓘攻蔡京之恶》篇，施耐庵《水浒传》第97回"陈瓘谏官升安抚，琼英处女做先锋"、第100回"张青琼英双建功，陈瓘宋江同奏捷"等。

1947年至1951年，陈了斋祠堂改为县立初级中学校舍；1951年为城关第一小学校舍；1962年堂前牌坊及围墙因扩建道路而拆除，目前仅剩占地面积400平方米的正堂部分。

（文/图：邱泽忠）

了斋公著《尊尧集》图

19. 泰宁黄厝古棋

黄厝古棋，是泰宁县朱口镇黄厝村自宋代流传下来的棋艺，是中原南迁入闽客家游艺习俗与当地原住民文化相融合的产物。古时黄厝各地客商云集，人们做生意或劳作之余，下棋消遣，久而久之，此地散落众多棋盘画石，汇聚五湖四海棋种、棋术，渐成南北古棋渊薮，堪称"古棋之乡"。2018年7月，黄厝古棋入选三明市第五批非物质文化遗产代表性项目名录。

黄厝古棋种类繁多，有鸡母棋、揪子棋、豆腐棋、轮子棋、裤脚棋、螺角棋、乞丐棋、夹子棋、十字巾棋、三子棋等十几种。接下来介绍几种代表性古棋。

一是裤脚棋。棋盘形似裤脚，只有一个空位可下子，简易快棋。行棋规则：2人各占一边，一人执石子2粒，一人执小树枝2段，用猜拳决定谁先走子，下棋速度极快，谁的棋子被逼得无路可走，即被判为输棋，撤下换人。

二是豆腐棋。棋盘形似豆腐板九宫格，为简易快棋。行棋规则：2人对峙，各持6枚石头棋子，按图布棋。每人一步，在一条直线上，如果双方都有1子，谁先走上1子，形成"二挤一"架势，即可吃掉对方1子，谁最后只剩下1子，无法做到"二挤一"吃掉对方子情况下，即为输棋。

三是三子棋。棋盘为三层"回"字形图案，复杂棋种。棋盘中横线、竖线、斜线都为3个子，是在一段线上满3子就可压、吃对方1个子的下法。2人对局，红、黑双方各执子24枚备用。行棋规则：①双方轮流下子，不论下横线、直线还是斜线，只能在棋盘中下1枚子，各方应尽量让自己的子组成新的"一线三子"，并尽量用子去破坏对方将要完成"一线三子"的棋局。如

三子棋棋盘

果一方新组成"一线三子",就可用自己的子,压住对方任何一个对自己有威胁的棋子,使对方这个棋子失去作用,成为"死子"。②随着棋局发展,双方不断打压对方或被对方打压,棋子填满棋盘,就把双方压与被压的棋子撤掉重下。③如果一方新组成"一线三子",就可吃掉对方任何一个对自己有威胁的棋子,一直下到棋盘填满棋子为止,此时结算双方在盘中的棋子,多者为胜。

四是螺角棋。因棋盘像田螺而得名,又称三角棋,3人合玩。走棋规则:3人在1、4、7,2、5、8,3、6、9三组数字中选定1组,如甲为147、乙为258、丙为369,三人围坐棋盘,以身前一角为乙方的"家",甲、乙、丙分别在自己家的尖角上放1粒大子,手中各握3粒小子。开始时,各人手握想出的子数,同时出拳,手打开后,手中加起来的小子数是几,对应的人,可将家中大子往前走一步。如总数是1、4、7的,甲可以向前走一步;总数是2、5、8的,乙可往前走一步;总数是3、6、9的,丙可以走一步。如此反复出子,各人的大子不断往前,走到相对底边时,可在边外画一个四方格,表示买下一份田产。接下去再从家中开始重走,继续添置田产,最后结算一下,谁的田产多为赢家。谁的大子走到中心时，若被下一个人的大子赶上，就被"冲走"，被冲的人将大子放回起点处，返回老家从头走起。

五是揪子棋。与三子棋相似，棋盘为4圈"回"字形图案，由红、黑两方对局，各执棋子32枚备用，走法与三子棋相似。走棋规则：①双方轮流下子，不论横线、直线、斜线，一次只能下1子，各方应尽量让自己棋子组成新的"一线三子"或"一线四子"，并尽量用子去破坏对方将要完成"一线三子"或"一线四子"的棋局。如果一方新组成"一线三子"，就可用自己的子，压住对方任何1个对自己有威胁的棋子；如果组成"一线四子"，就可用子压住对方2个对自己有威胁的棋子，被压的棋子就成了"死子"，失去作用。②随着棋局发展，双方不断打压对方，和被对方打压，直到填满棋盘时，就把双方压与被压棋子撤掉，继续进行比赛。③如果一方新组成"一线三子"，就可直接吃掉对方任何一个对自己有威胁的棋子。如果一方新组成"一线四子"，就可直接吃掉对方任何两个对自己有威胁的棋子。一直下到填满棋盘，结算双方在盘中棋子多少，多者胜。

揪子棋

六是乞丐棋。3人同玩，意为3个乞丐同去一个村子讨饭，看谁先到，先讨到饭。该棋的下法与螺角棋相似。首先由3人在1、4、7，2、5、8，3、6、9三组数字中选定1组，围坐在棋盘三个方向，以身前一方为本乞丐所居"破庙"，无人的一方为3个乞丐都要去乞讨的村庄。走棋规则：甲、乙、丙分别在自己的破庙头上放1粒大子，各人手中握3粒小子。开始时，各人手握想出的子数同时出拳，打开后，加起来的子数对应的人，可将自己的大子往前走一步。如此反复出子，各人的大子不断往前，走到村庄时，要绕村边走一圈，再到村的中心点，才能讨到饭，这时他可在自己破庙边画一碗饭，表示已经讨了一碗饭。再将棋子放回原出发点，继续出发去讨第二碗，比赛结束，谁讨的饭多为赢家。

七是鸡母棋。棋盘如鸡笼状，是1只母鸡和一群小鸡争斗的棋种。棋盘大格为鸡场，小格为鸡笼，一方挑选母鸡持1粒大子，另一方充当小鸡持小子16粒。比赛前棋子布局为在大格场中，四周布满小鸡，中央是母鸡。行棋规则：双方每步一格，可走横线、直线或斜线，小鸡要设法将母鸡围到角落，

鸡母棋

再赶进鸡笼；母鸡要避开鸡笼，争取多叼走小鸡，减轻小鸡围攻压力。小鸡只能围攻，不能碰母鸡，母鸡可以啄小鸡，啄法是"一挑二"或"一挑四"，即小鸡在一条线中，如成担子，被母鸡前进一步挑了担子，被挑的2只或4只小鸡就被"啄死"，拿掉棋子。如果母鸡被围进鸡笼，即为小鸡赢，母鸡输；如果母鸡把小鸡啄到只剩2只，再无能力围攻母鸡进鸡笼，即为母鸡赢，小鸡输。

八是夹子棋。也称小围棋，是围而吃子棋种。行棋规则：2人对局，各执棋子6枚，轮流移动本方棋子。棋子只能沿着棋盘中的线走，每走一次只能前进或后退一步，不能跳越其他棋子。只要把对方的子团团围住，就可吃掉这个子，一直吃到对方仅剩2子，即获胜。

九是轮子棋。棋盘四角状如车轮。双方各持12子，用"锤子、剪刀、布"猜拳确定先下方，最后看谁能吃掉对方全部棋子为胜。每次只能在横、竖格移子1步，移动时既要设法躲避对方吃子，又要为下一步吃对方的子做准备，但不能跳越自己或对方的棋子。当双方的一个子在轮子弧线两端，就形成对立状态，进攻的子可以绕过弧线吃掉对方棋子，将自己棋子进到空出的位子。一方棋子被对方吃光为输棋，双方都无法将对方吃光为和棋。

轮子棋

十是十字巾棋。棋盘形如十字巾。行棋规则：2人对弈，各持4子布于前面方框4角。下棋时1次1步，横竖都行，不能跨越任何棋子。可1子吃1子，不论横竖或拐弯，都以首尾4步为对立子，即直行或绕行3步吃对方棋子，但中间2步必须是空格，方可将对方棋子吃掉。棋子被全部吃光为输家，留有棋子的为赢家。

黄厝古棋有严密逻辑思维，隐含辩证哲理，行棋落子，是综合心智活动，可培养行棋者良好心理素质、意志品格、记忆力和空间想象力。下棋时通过不断地分析、计算，激发人们潜能，是一项很好的"智力体操活动"。岁月的车轮滚滚向前，许多古老游艺和娱乐项目随着父辈们老去而渐渐消失，但黄厝古棋历经数百年仍保持着顽强生命力，这和黄厝村老一辈村民的保护是分不开的。他们将十多种古棋棋盘镌刻于村中石板上，让它们永久保存下来，给后人留下一份宝贵非物质文化遗产，这是一种智慧，也是一种品德。目前，黄厝古棋棋谱已通过现代手段打印保存下来，每年乡镇举办文化活动时，常将古棋摆放出来，供人们对弈。

（文/图：泰宁县委宣传部、泰宁县文化馆）

20. 闽西北畲乡古村——苎畲村

苎畲村，地处闽西北明溪夏坊乡深山，现有村民60多户、400余人。2016年12月，被列入第四批中国传统村落名录。

据苎畲村《夏氏族谱》载：夏氏原居河南陈州一带，夏寿山为避战乱，率夏氏宗亲艰难跋涉南迁入闽。后梁初年，夏太郎一家经邵武禾坪、宁化安乐，辗转搬迁至苎畲开基创业，迄今已41代1000余年。相传苎畲最早为蓝姓人家聚居地，以种苎麻、织苎布闻名，得村名"苎畲"。古来流传的"风吹苎斜翻白叶"，巧妙镶入地名，"苎斜"与本地方言"苎畲"同音，"白叶"为邻村名。苎叶背面呈绿白色，"风吹动时，苎叶倾斜摇曳，田野里白浪翻滚"，此即描绘当时这里盛产苎麻景象。

苎畲山清水秀，人文历史丰厚。五六百年前，990户人家聚集在铜锣形山间盆地，华屋大厝林立，商铺接连而雨不湿身。古时这里是宁化通往泰宁、将乐官道要津，街巷圩场里，宁化、将乐等地商贾常来赶圩，人声鼎沸，车水马龙。始建于明洪武年间的回龙桥（明万历《归化县志》称"翔凤桥"），如虹似月，横卧于苎畲溪尾，原是木桥，清乾隆年间改建为单孔石拱桥，全长16米、高6.57米、宽3.2米、孔跨11米、拱矢高5米。回龙桥碑记载：苎畲溪流经此地，山回水转，势如蟠龙，"蜿蜒蟠曲，名之曰'回龙'"。建桥水尾，"以佐风水"。

相传"苎畲出美女"，公元910年秋，闽王派来镇守闽西北门户归化（时属建州泰宁辖地）的威武军节度使邹勇夫来到苎畲村，巧遇长相秀美的夏清娘，因邹勇夫与清娘爷爷夏太郎同乡，极力荐选清娘为秀女，送给闽王王审

回龙桥

知。闽王喜清娘天生丽质、心灵手巧、独具天然身香，便赐为香妃，封一品夫人。香妃出身贫寒，深知民间疾苦，助力闽王推行"轻徭薄赋、勤课农桑"，吸纳大批中原户口，引进中原先进农耕技术，促进闽西北发展。闽王去世后，王氏子侄为争夺王位，同室操戈，最后被南唐吞并，闽王国灭亡。夏香妃含恨离开都城，孑身孤影回到苎畲，52岁香消玉殒，葬在故里苎畲洪坑髻头。当代诗人砥斋到此凭吊香妃遗冢，诗云："同室操戈毁帝基，隐归桑梓杜鹃悲。荒草零乱蔓坟冢，谁忆当年香玉枝。"

苎畲村古风绵柔，仍保持着客家人淳朴、仁孝、勤劳等优良传统，父慈子孝，耕读传家，人才辈出，明清尤甚，名扬大江南北。明万历年间，夏一鼐夏时行父子双拔贡，叔伯两武官：夏一经任江西铅山县石佛寨巡检；夏一真任广东曲江县濛里镇巡检。夏一鼐家，以孝道传家为后人称颂。夏一鼐之父夏玄接，儿时父逝，由孤母抚养，"比长，授之儒，念母茹苦，辄弃去，事家人业"。嘉靖初，疫疠大作，焚香泣天祈祷，疫果不侵其母。母生病，夏玄接不离左右，亲为母尝药、喂药直到好转。母亲寿终后，又哀痛不已，并卜地为祠庐，每日早晚肃衣祭拜，直至年八十去世。夏一鼐为夏玄接次子，"蚤

古巷

岁以孝闻",母亲去世后,继母江氏待他不好,而他一如亲生儿子和颜悦色待之。后江氏去世,父续娶曾氏,一样孝顺,对继母带来两个女儿视如同胞姊妹。父夏玄接患病在床,他弃商归家,不管冬寒夏暑,亲自奉送汤药,且每逢初一、十五不顾自身脚痛和山高路远,风雨兼程前往十多里远燕子岩庙(现邻近泰宁县大龙乡)为父祈福,坚持三年直至父寿终。夏一鼐父子笃孝格天,四乡传颂,并记载于《归化县志》。

夏一鼐之子夏时行,明万历二十一年(1593年),获选贡官居河南陈州府知州,升岷府审理正,《归化县志》称其"有政治才",每治一处"皆有政声",尤擅书法,娴习词章,著有《西游吟草》。在邻乡千年古刹聚龙禅寺,仍保留有夏时行墨宝,这幅由字与符号拼成的罕见圈点奇联为:太极〇〇("〇"读为"圈")、〇尽无数贤愚,任你东〇〇,西〇〇,大哉〇〇,〇〇到底;人心一、("、"读为"点")、出诸般善恶,凭你左、、、右、、、贤也、、、、无差。它内涵深刻,正是其仁孝家风传承:论贤愚,断善恶,莫以善小而不为,莫以恶小而为之。夏时行儿子夏辉"事亲以孝,待弟以诚"。父亲生病，朝夕"随侍汤药，未尝废离"。作为长子，在父亲去世后，督促弟弟们读诗书、走正道，积极参与修桥铺路、周济邻里，倍受乡民推崇。

据记载，明万历三十年（1602年），夏时正荣获恩贡，出任漳州府漳平县学训导、泉州府学教授。第二年夏铎岁贡，第六年夏廷栋获岁贡并任盛京锦州府学训导，后有例贡夏祖良任南直太湖县丞。清乾隆年间夏鸣皋、夏国梁接踵成为太学生，会稽堂前矗立的四根功名石柱，有朝廷表彰碑文。雍正年间，夏佐虞任甘肃平凉、镇原等县典史，夏标任永安千总。嘉庆年间，夏有功任台湾中营外委把总。光绪年间，夏辉先荣为岁贡，并于同治初年（1862年）任职台湾大书院助教。传说夏辉先从小聪慧，曾以"老秀才数学教一一十十（念减减加加）"，巧对塾师夏景廉上联："聚龙寺对联写〇〇、、"，让老先生赞叹不已。

苎畲溪，缓缓东流，汇入金溪、富屯溪，流至闽江。夏氏族人足迹，如溪流而绵延，部分东徙台湾繁衍发展。夏姓如今已是台湾大姓，主要分布在新竹、苗栗、嘉义、台南、澎湖等地。

这个藏在深山里的古村落，在第二次国内革命战争时期还是一个苏区基点村。1932—1934年，红军工作队在连指导员潘义寿领导下入驻苎畲，宣传发动群众，发展党组织、赤卫队、农会，成立村苏维埃政府，开展轰轰烈烈的土地革命、游击战争。风展红旗，岁月峥嵘，苎畲村青年踊跃参加工农红军，为保卫苏维埃政权英勇牺牲的烈士多达16名，谱写了红色村史，铸就了永恒丰碑。

（文：李燕萍　图：李云生）

21. 禅尖隘

隘口，意为险要通道，通常处在陡峭山谷两座山峰之间或山顶两地分界之地，亦称关隘、要隘。

建宁位于武夷山脉中段，"僻处闽西之偏陬，介万山中，疆连赣、旴，边陲之域"（民国版《建宁县志》），四周群山绵延，山地森林茂密，自古有近百个关隘，且多与江西交界，其中具名的有四十余个。这些关隘是古代闽赣交往主要通道。禅尖隘，属狭窄险要山间隘口，是建宁众多隘口中一个，千百年来静静守在闽赣交界山林中，恬淡静默。

禅尖隘古道

禅尖隘名字来源于山名。民国版《建宁县志·卷二·山川·山》记载："从摇篮寨过百结山，突起一峰，曰大禅尖，峰秀拔如锥，其山顶有庵，曰禅顶。趋前为小禅尖，界二峰之间，为禅尖隘。隘岭有庵曰广福。……其下之保，曰癸羊。"但在建宁百姓口中甚至除县志之外文字记载中，皆称"船顶隘"。"由于顶峰酷像船顶而得名"，但从闽赣交界方言差异分析，结合寺名推测，"船顶"应是"禅顶"口语音译，而禅尖隘应是因山而得名。

黄埠乡境内多黄土，故原名黄泥埠，自古以来有墟场、店铺，为闽赣两省边贸重镇。桂阳村即县志中记载的"癸羊"，亦称癸洋，是位于建宁县西部一个建制村，村西北与江西省广昌县交界，东北与江西南丰县毗邻。癸羊为宋元时期六保、明洪武年间八保之一，清代时辖 36 个村，民国三十一年（1942 年）为乡政府驻地，乃整个黄泥埠出入闽赣必经之路，当时就占有重要地位。上有一条石铺老街，长约 200 米、宽约 5 米，左右两侧是木质结构瓦房，米店、酒店、旅店、布店、药店、香烛铺等二十多家店铺穿插其间。每逢墟日，老街上挤满了江西、福建两地商贩和赶集人。

自古出入桂阳有四条路线，其中最重要一条就是翻过禅尖隘，出闽抵江西广昌。在客家南迁时，闽赣边界隘口、古道成为客家人从中原迁徙入闽主

超然亭

要通道，禅尖隘则是主要隘口之一。据了解，中原汉人入闽主要通道有两路：一路是溯赣江而上，往东走，经兴国、宁都、石城，越站岭隘进入宁化；一路溯抚河而上，往东南走，经江西南丰、广昌、宁都、石城越站岭隘进入宁化，或经江西南丰，越甘家隘进入建宁，或经广昌越禅尖隘进入建宁。武夷山脉，横亘东南，山高岭峻，云深林茂。这条闽赣古道，以及沿途由历代官宦、乡绅、义民捐资助力修建的关隘、凉亭等，洒落了无数客家先民血汗，勾连起闽赣两省客家文明，苍茫悠远，静静隐入荒草密林。

　　禅尖隘古驿道修建于清代，东南、西北走向，线路从桂阳村翁家坑山谷至清明窠禅尖隘，条石铺设阶梯路面，路宽约1.2米至1.4米，沿途修建有多座供仕商行旅休息的亭、桥、驿馆，如今部分古道及相关设施已损坏或损毁，仅存路亭与石桥。古道已鲜有人行走，不时有从石板缝间冒出茅草、荆棘挡道，两旁长满高低错落的灌木和杂草。向上约七八里，有一亭子，名曰"超然亭"，建于清宣统二年（1910年），坐南朝北，整体采用辉绿岩条石围砌

禅顶寺山门

而成，亭项为抬梁式二坡面，长 4.8 米，宽 4 米，通高 4.5 米，占地面积 19.2 平方米。亭内东西两侧墙下砌置条石，供行人歇脚，西面墙上嵌有一块"超然亭序"碑刻，碑文已模糊不清。亭子北门一侧石门上额亦有楷书阴刻"超然亭"。此亭为建宁与广昌两县分界亭，向南建宁，往北广昌。顺着小道前行约 20 米，路边有一小庙广福寺，从外观看甚是破败。

超然亭序

禅尖隘顶峰大禅尖山禅顶古寺，有一座石质山门，额顶书竖排"禅顶"二字，大门上书"江闽胜地"四个大字。寺不大，总面积约 600 平方米，分前、中、后三殿，外为条石构建、内部砖木结构。前殿正脊饰有砖刻浮雕，正面中间是太极八卦图浮雕，两边是荷花图案；大殿正中塑有"玄天上帝"神像，东西侧殿供奉臂挽青龙的降龙罗汉和脚踏白虎的伏虎罗汉神像；东西两间偏殿有关公和二郎神塑像。

隘以控御，寨以屯防，原为险阻设也。隘口在古代既是形胜之地，更是司险掌疆之所。大禅尖山主峰海拔约 1000 米，是建宁、广昌两县交界之高峰。四周山高谷深，群山连绵铺向天际，建宁方向可以俯瞰桂阳村全貌，广昌方向可以饱览水南圩乡，地势颇险要。

二十世纪三十年代，毛泽东、朱德等老一辈革命家率领红军驰骋奋战闽赣大地，桂阳村为红军由赣入闽第一村、红军拓展闽赣边界新苏区的"桥头堡"，也是红军和游击队牢牢控制在手的咽喉要塞。如今禅尖隘古道及超然亭红军总部出入闽赣行军过境旧址，是红一方面军总部首次进驻福建（驻建宁）的第一关隘、红军第二次反"围剿"由江西广昌攻打建宁城的主要通道，也是第三次反"围剿"时红军总部"千里回师"离闽入赣在福建的最后一站。

建黎泰战役中红三军和红一方面军总部亦由此隘口进入建宁。据史料记载：1931年初，红四军由广昌向东拓展，横扫闽赣重要通道"桥头堡"桂阳村，以及由此向武夷山腹地延伸的陈余、贤河、里心、靖安、水南桥、岩上等地国民党保卫团，帮助各乡成立革命委员会，开始打土豪、分田地，桂阳乡人民革命委员会是首批成立的。同时，建宁首支红色地方革命武装——桂阳游击队正式组建，6月底，与宁源游击队、杨林游击队成功会师桂阳村，一起编入南广建独立团。1931年7月初，毛泽东、朱德在溪口红军总部召开各军团师以上干部军事会议和江西、福建、闽赣边界苏区负责人会议，决定主力红军千里回师赣南，在根据地腹地打破敌人第三次"围剿"。7月10日毛泽东、朱德率红一方面军总司令部、总前委机关及所在部队离开建宁县城，午后抵达邻近广昌建宁县桂阳乡马兰里自然村驻扎宿营，11日夜间由桂阳翻越禅尖隘直接进入江西广昌，12日清晨到达广昌尖峰。1932年10月16日，朱德、周恩来、叶剑英等率红一方面军从广昌发起建黎泰战役，其中将第一军团编为中央纵队，分兵两路进攻建宁，聂荣臻率红三军由广昌越禅尖隘经桂阳、里心向县城前进……

时至今日，红军进驻桂阳、翻越禅尖隘的许多传奇故事，仍然在这片红色的土地上广为流传。

（文/图：温兆坚）

22. 军号谱

　　《中国工农红军军用号谱》，现存于宁化县革命纪念馆。该号谱封面发黄，透满蜡迹，横式小 32 开本，内页 20 页，对折成 40 页，长 21.8 厘米，宽 13.5 厘米，文字属手工蜡刻，用毛边纸黑色油墨印制而成，内页曲谱均采用五线谱，共记有勤务号、联络号、行动号、名目号、战斗号等 340 余种号令。在通讯设备不发达的战争年代，发布命令、指挥战斗、振奋军威、联络工作，都是通过嘹亮军号来传达，其作用不亚于"密码本"。

　　红军军用号谱可粗分为后勤类和作战类，后勤类曲调一般平缓舒畅，作战类曲调比较急促高昂。同时，各种号令细分出多个号谱，如勤务号：起床、早点名、预备出操、出操、收操、食饭、上讲堂、下讲堂等。联络号：知道、不知道、向右靠拢、问、答、后转走、快来、向左登山、下山等。行动号：

立正、稍息、跑步、上刺刀等。名目号：中华苏维埃共和国中央政府、中央革命军事委员、中国工农红军总名、各部番号及职务等。战斗号：开始攻击、总攻击、反攻、追击、预备冲锋等。

据军史记载，1928年红四军成立后，为保障各级首长调动和指挥部队，在军部副官处设编司号班、司号官，在团、营、连分设司号长、司号目和司号员。随着红军司号制度建立与健全，红军司号兵编制设为军、师司号班9人，团司号班5人、营司号3人、连司号2人。

由于红军号谱一向与白军相同，号音一奏，彼此了解，战争之际，非常不利。1931年11月下旬，中革军委总参谋长叶剑英主持召开红军司号员会议，要求在十天之内，定出各种新号谱，即发各军，并督促所部司号人员在三个月内完成新谱练习与应用。还以中革军委名义发布《关于司号问题的通令》，强调军队使用号音就是一种号令，不论平时战时，对于军队集团行动，都用号音规定之。按照中革军委指示，红军立即着手编写军用号谱，并在规定时间内完成《中国工农红军军用号谱》编写工作。从此，红军有了系统完整的军用号谱。

罗广茂，1915年生，汀州人（今长汀县），1994年6月因病逝世，是该军用号谱珍藏者，他历尽艰辛保存红军《军用号谱》的事迹被载入《宁化县志》，受到宁化老区人民传颂。

1930年，年仅15岁的罗广茂在长汀参加红军，与同龄人相比，他虽长得矮小，可声音洪亮、中气十足，适合当司号员，符合当时红军司号队学员招收条件。1931年秋，罗广茂被选派到中华苏维埃中央军事政治学校司号大队学习。结业时，罗广茂带着首长发的《军用号谱》和"像保护生命一样保护号谱"的嘱托来到朱德身边当一名司号员，从而开启了他"人在号谱在"的红色传奇人生。

1934年9月，在红军长征前夕的松毛岭战役中，罗广茂背部中弹，被送入长汀四都红军医院治疗。红军长征后，地方形势恶化，他被转移养伤与部队失去联系。后来，为逃避当地反动民团搜捕，他辗转来到宁化泉上落脚，并将老家母亲接来一起生活，为谋生经常外出做木工，军号谱交由母亲保管。1949年10月，宁化解放。罗广茂想公开红军军用号谱，但此时他母亲年事已高，想不起号谱放在哪儿，他寻遍家里每个角落，问遍所有亲戚朋友，都没能找到。二十世纪六十年代，他母亲去世后，军号谱下落成谜。

1974年，罗广茂整修旧房，当谷仓底板被拆开时，赫然发现一块油纸布被牢牢地钉在底板上。当油纸布打开，罗广茂顿时泪流满面，失声痛哭。原来，油纸布层层包裹的，竟是他几十年魂牵梦绕的红军军用号谱。1975年，罗广茂响应宁化县革委会征集革命文物号召，将军号谱连同号嘴一并捐给宁化县革命纪念馆，时任馆长王岳良发现其价值不凡，于是将情况汇报到县委宣传部。为鉴定真伪，宁化县请省城专业老师前来考察谱曲，并现场测试罗广茂，测试中罗广茂不仅认识五线谱，而且能熟练吹奏号谱中所有谱曲，并准确说出曲目，如没有专业知识和亲身经历，是不可能做到的。最后，专家确认该军号谱及罗广茂司号员身份真实可靠。为此，县革委会为罗广茂颁发写有"保护革命文物无上光荣"纪念奖状，并赠送一套《毛泽东选集》。1994年10月，经国家文物局专家组鉴定，认为此《中国工农红军军用号谱》系全国目前唯一一本最为完整和正规出版、印刷的《中国工农红军军用号谱》，极为珍贵，认定为国家一级文物。

2005年5月，由中国老区建设促进会、江苏省广电总台共同发起主办的"2005中国红色之旅"关机仪式在宁化革命纪念园举行。2011年，八一电影制片厂以此为题材，与福建省委宣传部、宁化县委县政府合作拍摄了由韦廉导演、刘佩琦领衔主演的电影《我的军号》，并于2012年1月17日在央视电影频道黄金时段播出。

（文/图：戴长柏）

23. 麒麟山公园

一城映碧绿，一山融古今。

麒麟山，原名牛垄山，海拔262米，位于三明市区东部，1980年地名普查时，发掘出山腰一古坟"麒麟吐书"碑刻，故改名麒麟山。

三明麒麟山，是三明市区乃至整个三明区域一个显著标志，历届三明市委、市政府都十分重视麒麟山开发建设工作。1976年麒麟山公园开始动工，1980年9月9日三明地委在麒麟山召开公园建设会议，决定在三明市区列东、

麒麟山公园　　　　　　　　　　麒麟吐书碑刻

下洋交界处 600 亩荒山上，全面兴建三明麒麟山公园，总投入 2000 多万元。1981 年公园建成，当年中秋夜市区 5 万多市民涌上公园，观灯赏月、歌舞联欢。

整个公园占地 42.24 公顷，内有麒麟阁、电缆索道、游龙戏水、园中园、飞虹桥、人民英雄纪念碑、历险城、樟桂林等景观设施。依山建有浩然亭、聚云亭、三元亭、莲花亭、飞石亭、倚山亭、仰止亭、竹秀亭等，呈三尖、六角、四方状，形态各异，飞檐翘角，雕梁画栋，高低错落有致，并由潘主兰、罗丹、楚图南等当代书法名家题写牌匾。原福建省委书记项南了解到 1961 年 2 月朱德委员长来三明考察时曾赋诗《三明新市》，为缅怀革命先烈，提议将望江亭更名为浩然亭，并亲自为浩然亭手书牌匾。1984 年，全国"五讲四美三热爱"现场会在三明召开，为纪念这次全国精神文明创建发源地会议，三明特意在麒麟山公园正面，开辟筑成一条 543 个台阶登山道，两旁种植桂花树，并于二十世纪九十年代开始不断改造山上树种，历经 40 年精心打造，形成了一个融政治、文化、历史于一体，内涵丰富、景色宜人、满园飘香的城市公园。曾先后接待过李先念、万里、李瑞环、宋平、陈丕显、杨成武等党和国家领导人。

浩然亭、飞石亭、绿道、543 台阶

麒麟阁，高24.5米、宽12米，八角六层，平顶，钢筋水泥结构。登山必登阁，凭栏远眺，整个三明城几乎尽收眼底。1984年6月，原中央"五讲四美"活动委员会常委廖井丹再次登临，欣然挥毫写下"三明三明，大放光明"。麒麟阁历经15个春秋之后，1995年9月三明市人民政府再度拨资重修，于1996年1月终毕全功。据1996年1月《麒麟阁重修记》云："新阁拓其旧制，仿古塔造型、八角重檐、层层外挑，逾见玲珑典丽。"在麒麟塔旁山顶最高处，有五层祥云台，上塑麒麟像，神采飞扬，熠熠生辉，成为麒麟山象征与标识。

麒麟阁

麒麟山索道建成于1983年1月，由北京有色冶金设计研究总院设计，为当时全国游览区最早正式投产使用的单线循环式双人吊椅客运索道。索道平距292米，高差92.78米，钢索周长625米、直径23.5毫米。全线共41张吊椅，相互间距15米、索距3米，离地面最高3米、最低0.5米。索道设有上、下站房，总建筑面积380平方米，由一台20千瓦电动机驱动，运行速度每秒1米，运行40年无安全事故。沿线石砌有各种几何图形花坛，铺设绿色草皮，并配植四季飘香的奇花异草。

索道旁为三明市动物园，始建于1976年，原址在沙溪河畔江滨公园，1997年在麒麟山公园内重建。占地面积40多亩，有虎山、熊山、猴山、孔雀林、鹿苑及水禽湖、小兽舍等。目前，饲养动物80余种、600多只，如"百兽之王"非洲狮，毛色斑斓的东北虎，来自西北高原的"沙漠之舟"骆驼，产于北海之滨顽皮可爱的海豹，脾气倔强的大黑熊，憨态可掬的欧洲棕熊，嬉戏斗趣的猕猴群，聪明好动的阿拉伯狒狒，堪称世界鸟类之最的非洲鸵鸟，羽毛如翡翠的蓝孔雀，洁白如雪的白孔雀，能歌善舞素有"仙鹤"美名的丹顶鹤，尊雅高贵的白天鹅，以及鸳鸯、金钱豹、花面狸、小灵猫、豺、狼、梅花鹿、珍珠鸡等。

动物园

麒麟山左侧，原有一个面积约3亩、清澈见底的人工湖（建有"游龙戏水"乐园）。湖滨有钢筋水泥五曲、麟迹桥横卧水面，通达四周；湖东有映鹤亭，亭顶有孤鹤独立；丁香、碧桃、竹柏等环绕湖周。湖中有一艘电动龙舟，昂首环游桥畔，犁起道道浪花，赏心悦目，现已改造为麒麟山动物园。麒麟山右侧，通达原三明师专，道旁有一个"明湖"。引两公里外狮子坑采石场山涧水，经三明师专入口处池塘、小桥与小水库，积成一个水域面积约12250平方米、水容量约49000立方米的"明湖"。湖水清澈，湖面如镜，水深1米至8米不等，平均深度约4米。湖上有小岛，水中有鱼，可泛小舟。2003年，为彻底消除安全隐患，应湖下麒麟新村众住户要求，而填湖改造成体育中心，内有室内网球与羽毛球馆、室外篮球场、跆拳道馆、梅列区校外活动中心等。

游龙戏水乐园

明湖

历险城

　　麒麟山公园,是三明市区孩子们的快乐天堂。1998年,三明市青少年宫门前市儿童公园改造后,碰碰车、摩天轮、旋转木马等一些大型游乐设施,陆续迁入麒麟山,并分别在山上新市北路10—17号和山下索道旁建成历险城、魔幻洞;在新市北路10—20号园中园里,建成激流冲浪园供儿童游乐。同时,2001年为纪念在革命战争与和平建设中献身的先烈、英雄们,又在麒麟山聚英园内建造"三明人民英雄纪念碑",由沙县籍将军张廷发题写碑名。纪念碑占地面积2000平方米,由一组五块环形横向碑石和一个火炬主体建筑组成,运用浮雕艺术形式,浓缩了三明发展历史进程,成为三明市重要的爱国主义教育基地。

三明人民英雄纪念碑

近年建成的环麒麟山栈道，由东南设计集团设计、福建一建集团投资建设，总投资约3500万元，于2020年9月底开工建设，2021年2月9日投入使用。栈道依托地势，沿等高线架设，与地面高差约2米至5米。全长1813米，栈道面总宽4米，约10米一跨度，坡度保持在4%以内。沿途设有7个出入口、4个休闲廊、3个放大平台、1个观景台和一段景观连廊，并与新建的市儿童公园、后山绿道等有机串连，沿线设有休息坐凳、水龙带箱、背景音播放器等。整个栈道浓茵匝地、曲径通幽、简洁飘逸、融入林中，一步一景，美不胜收。前些年，还将麒麟山公园内原有通达山顶的主要道路和正面横穿明湖的路段，全部改造成柏油道路，仅通人，不通机动车辆，方便市民早晚锻炼。二十世纪九十年代中期以前，麒麟山公园曾多次举办金秋菊花展、蝴蝶展、元宵节灯展、春节游园猜灯谜等活动，成为市民欢乐海洋。2006年始，公园实行免票入园，游客络绎不绝，年人流量达50多万人次。

麒麟山有一个美丽的传说：古老洪荒年代，这里山水相连、一片荒凉，天帝见了就派麒麟下凡造福人间。麒麟摇身变成一个手操神剑俊俏后生与山怪斗法，山怪变出一群毒蛇，小伙随机应变，变成一只饿鹰，七变八变，山怪斗败，负伤逃遁。未待歇气，水精又来作怪，一会儿洪水泛滥，一会儿水枯石出，到晚上又变幻成一个美貌姑娘来缠人。后生步步提防，抛出一条捆妖绳，把水精捆牢扔到河里，变成一个深潭。山定了，水静了，后生不顾劳累，又在这里栽下松柏翠竹，种下百花，引来百鸟，把这里打扮得像花园一般。最后，后生累得连脚都迈不动了，于是就躺下休息片刻，不料这一躺便再也没有起来，变成了一座形如麒麟的麒麟山。

荷尔德林在《燃烧诺顿》中说："人生充满劳绩，但仍诗意地栖居在这片大地。"海德格尔对此进一步阐发道："人应当诗意地栖居。"在城市建设中，为广大市民提供一个"诗意地栖居"的环境和场所，是城市建设的重要内容。四十载悠悠岁月，麒麟山作为三明市民日常休闲娱乐的一个重要场所，承载着一代又一代三明人的记忆，见证了三明的发展历程。

（文：林日上　图：林小妹、三明市档案馆）

24. 御帘村

御帘村，原名渔林村，位于明溪县东北部，距县城55公里，海拔460米，总面积约15.6平方公里。1273年，北宋理学家张载第十四世孙、南宋进士张日中时任福建兴化军通判，与长子张幼厚见渔林山川秀丽、溪流潺潺，即得吉兆，筑居于此，以安其家室，迄今749年。这里风景优美，人文荟萃，仍保留有张氏祖祠（东方军司令部）、别驾公祠、南屏书院、鲤鱼溪、凌霄阁、古驿道、风云禅寺（张载纪念堂）等历史文化遗迹。2012年12月，御帘村被列入第一批中国传统村落名录；2014年2月，入选第六批中国历史文化名村；2020年11月，被授予第六届全国文明村镇称号。

宋端宗赐名

据御帘村《张氏族谱》记载：1276年7月，被捕又脱逃的南宋右丞相兼枢密使都督诸路军马文天祥，历尽艰险，逃到福州，与益王赵昰会合，拥立8岁赵昰为端宗皇帝。随后，文天祥带端宗赵昰及其母杨淑妃兄妹，从南剑州坐船，经陈大镇安居坂，弃船登岸，一路西行至明溪夏阳乡紫云村，夜宿古刹均峰寺，留下"显盖紫云"题匾。次日，队伍行至御帘村口，一阵风来，杨淑妃舆轿垂帘被风吹落，为田间劳作一位村民拾起，交给族长。族长张厚幼原为将乐县令，见轿帘非寻常之物，赶紧追上队伍归还轿帘，并邀请队伍到村里休息。文天祥见村中户户粮仓建在屋外，因问族长，回道："此处渔林村，村人都姓张，生活无忧，路不拾遗，故粮仓都建在屋外，不惧盗贼。"文天祥有感于斯，回身禀告端宗赵昰。杨淑妃听闻后，以为此地民风淳朴，故建议端宗赐名"御帘"村，帝允。对此，文天祥还即兴赋诗："山村何取御帘名，大宋南征重此行。珠箔忽因风卷去，芳名留与世荣恩。"自此，御帘村一直沿用宋端宗赵昰钦赐"御帘"之名。

东方军司令部

张氏大祖屋位于村中心，为东方军司令部旧址。始建于明崇祯元年（1628年），数年后遭流寇焚毁，此后"三十余载祠貌欹然，一片荒烟衰草"。清康熙十八年（1679年）重建，咸丰八年（1858年）太平天国石达开率部攻打归化，御帘村张姓灭绝三百余户，张氏大祖屋化为灰烬（《福建省明溪县御帘张姓大事记》）。三年后即1861年，族人合力第二次重建。

张氏大祖屋坐东南朝西北，面阔12.3米，进深20.5米，由围墙、院子、下厅、天井、上厅等组成，占地1100平方米。上厅面阔五间，进深七柱，穿斗式木结构；中间三开间设神龛，正厅上方悬有一匾，上书"两铭草堂"四字。屋内保存大量木刻、壁画、彩绘，有浮雕、镂雕、工笔画等，表现手法多样。斗拱、梁架、屋檐等处，有精美生动的人物、动物、植物等吉祥图案，造型栩栩如生，工艺精湛，色彩艳丽。祖屋设三重大门，第一重为将军门，抬梁式梁架、抬梁、穿斗混合构架，外枋向外挑出，成拱梯形，大门上方正中书有"道通形外"四字；二、三重大门两边，各有门屋三间，供守护祖祠族人住用；第三道大门，形似八字。祖屋前筑有长20米、高6米白色华表照墙，正上方书"秀接关中"四个大字。整座祠堂布局平稳，气势恢宏，飞檐翘角，工艺精美，是研究明、清两代建筑不可多得的资料。

1933年7月至1934年1月，为应对国民党第五次"围剿"，彭德怀、滕代远、杨尚昆等老一辈无产阶级革命家，率领红三军团先后驻扎御帘村。张氏大祖屋、雍睦堂是当年东方军司令部和东方军医院旧址，凌霄阁边上红军战壕依旧清晰可见。1934年1月8日，彭德怀在张氏大祖屋发布《三军团向沙县前进的命令》，25日晨红三军团对沙县卢兴邦部守敌发起总攻，彭德怀司

张氏大祖屋（东方军司令部旧址）

令员与杨尚昆政委在大祖屋正厅对弈，8时许传来"全歼守敌"捷报。

别驾公祠（书院）

清康熙二十六年（1687年），张氏族人为南京别驾将军季伦公而兴建，故名别驾公祠，集公祠与书院于一体。

据御帘《张氏族谱》载：别驾将军，宗彦公长子，讳祖善，字季伦，生于明洪武间，负高谊举茂才，擢金谷县丞陞授南京别驾。"遗爱而歌父母者，何啻祀者万家，虽然公之政声被于外，而公食报未于乡者。"于是1687年春族人众议"兴祠于乡南香泉公祀产"，1688年秋动工兴建，三年多而告成，1691年冬腊月奉主入祠。

据记载，别驾（书院）公祠原貌："门临梓里秀揖双峰，内作小坪，前圆而后方，本形家关锁之制。次上坪方不整，又上则宽焉荡平为祠之余气，拾级而登前廊，旁列以槛，连立三门。题其中门曰：'棠树爱留江左右，仙凫灵返庙春秋'，入斯门也。……入廊回，石柱森森，上栋下宇榰栌、侏儒之饰，炉鼎几席之华，目不暇接，低徊留之不能去。"如今只剩两柱和石质门框、公

祠门匾，大门石柱镶字联："萤回御水环声带，簇挺帘山列画图。"联境优美超诣，篆书铁画银钩，圆润古朴，尽具沧桑感与艺术美。"云堂之东列小厅，推本仁孝之心，以祀附食。傍墙门而出则僧房，床铺布列于上……下则另辟小厅，延宾、问字、调琴、阅经之所，左之右之无不宜焉。堂之西列小厅，与东相称，祀后以护秀灵，缘墙门行不数步，似独辟一洞天，合观之，仍隶祠右辅屋，其制尽窈而深断，续类智者之所为。"

南屏书院

御帘历史上有12座书院，南屏书院是其中之一。村内有座南屏寨，为张氏二十九世祖应乾公祠。步出村落，遥见孤峰，耸峙开屏，故为南屏祠。据记载："鸣玉公重念厥考，燕公劬劳遂乃创祠、立规、充田、备祭，以图享祀千秋。逮后祠遭回录，五房嗣孙捐资重建，因形家云不宜中安神位，于是左龛安奉燕岚公考妣香灵，后人又忽忘祠建本源，图以报功，因此右龛安奉鸣玉公牌位。自是五房子姓，每岁新正拜谒，二月朔二僧荐斋规，三月初十牲豚致祭，凡厥后嗣惟对两龛展礼而已。于是众议，奉列祖真容，绘为三代，图悬诸堂中用笃。"

南屏祠

书院上为关帝阁，阁下有楼。过右厢另为一址，为置书屋，就馆诵读者，肄业其间。高中者，捷报传于此。前人留有不少诗作：

南屏纪事

积翠凝华冠远方，锦屏龙耀势轩昂。
明清交际逃兵地，吴耿分争避难场。
天尺楼中荒草茂，凤凰岩畔野花芳。
深惭父子非人杰，敢谓山灵逊狱行。

南屏胜迹

黄嘉纯

屹峙簾阳水一方，丈夫谁克似藏昂。
枢衣览胜偷闲地，结宇携家板荡场。
烟景远来难应接，桂兰时发自幽香。
此间拜罢关夫子，满贮霞光入锦囊。

南屏胜迹

张 儒

翠拥南屏水一方,巍巍气象势轩昂。
已知昔日为民堡,谁料于今作佛场。
忠义扶炎千古颂,孝思不匮永流芳。
我来恭谒关夫子,收拾溪山入画囊。

(文/图:练为泉、吴美清)

25. 闽赣孔道

　　大源村，位于泰宁县新桥乡北部，东邻邵武，西毗建宁，北倚江西黎川，距县城32公里，为泰宁境内海拔最高建制村，乃交通四达之地。大源村始建于宋初，时属绥城乡清泰里安仁保，清雍正二年（1724年），街口建新泰桥，改称新桥，大源村是明清时出闽入赣中转站和中央红军往来闽赣必经地，也是泰宁县最早建立红色政权的乡村之一。它先后被评为中国历史文化名村、中国传统保护村落、国家森林村庄。现有大源革命旧址群（省级文物保护单位），含戴氏官厅、戴氏宗祠、严氏宗祠、镇安桥，重要历史建筑有文昌阁、南溪圣殿、州司马第、古民居、茶花隘等；有大源傩舞、大源赤膊龙灯、大源唱曲等省市级非遗项目。

　　大源因处北溪最大支流杉溪源头而得名，《泰宁县志·舆地志》载："杉溪者，源自茶花隘，西南行十七里，至县北朝京桥，绕城而东，而合于大溪。"茶花隘，位于大源村北约4公里峰顶处，旧名茶花岭，或称巫寮，为《八闽通志》所记泰宁唯一关隘。上下岭古道宽1米至1.5米，以麻石铺砌，阶坎高低不等，依山势蜿蜒，至今犹存，为出赣入闽唯一孔道。

　　村人聚族而居，有严、戴、林三大姓，严氏居上大源（福塘坊）、戴氏居下大源（鹿林坊）、林氏居椒窠，人口约700余人。

戴氏官厅

　　戴氏官厅位于大源村下大源村尾，始建于明末，总宽约74.9米，进深约

63.6米，是大源现存规模最大、规格最高的古民居建筑群，为组群式高墙围合大宅院。清乾隆年间重修主座前堂、正堂局部，后堂仍完整保留明代原貌。

主座建筑按左中右三条轴线布局，每条轴线分布前后三堂，为两进合院式建筑。前部门坪、半圆形水池，后部半圆形花胎，左右各一列横屋，附建有绣花楼、经堂等。最为鼎盛时期，建筑群共有房屋99间。泰黎古道从门前经过，来往闽赣官员在此歇息，故有民居兼官厅之称。1934年3月22日，中央苏区第五次反"围剿"重要战役新桥反击战打响，大源村为前沿阵地，红五军团第十三师在戴氏官厅设立师部，师长陈伯钧，先头部队三十八团驻扎大源村。如今，"万岁师"——红十三师纪念馆，是由苏区时期大源乡革命委员会暨红十三师指挥部旧址——戴氏官厅偏厅改建而成。展览内容以陈伯钧日记、相关泰宁红色文献资料为依据，以"万岁师在新桥"为中心和红十三师在闽赣边界尤其是泰宁新桥的革命峥嵘岁月为故事主线，分水火、烈火、烽火、焰火四个版块，分别介绍红十三师入闽作战背景、队伍组建、战斗历程和毛泽东等老一辈无产阶级革命家对红十三师及陈伯钧的评价。

戴氏官厅（红十三师指挥部旧址）

南溪圣殿

南溪圣殿曾是书院,传为宋神宗敕建,敬奉严氏恩人赵元德(民间尊称赵大将军),由古驿道、文亭、南溪圣殿、启贤砂组成。文亭内供奉孔子和魁星,四门三层,驿道从中穿过,四个门楣分别有"文亭、章阁、仁门、义路"字样,有五代十国时期,南唐宰相严续、驻闽大将军邓植和狱卒赵元德三人之间恩德相报的真实故事流传至今。

北宋初年,严姓人家已定居上大源。《福建邵泰二县严氏宗谱》记载:入闽始祖严续为东汉名士严光四十代孙,其父严可求,浙江扬州江都人,唐朝末年知遇于徐温,同为吴王杨行密重臣。徐温养子徐知诰(李昇)废吴立唐,史称南唐,其子李璟为南唐中主,拜严可求儿子严续(912—1006年)为左丞,直至同平章事。保大二年(944年),南唐攻破闽国,闽赣边界杉关守将邓植(905—984年)随闽主王延政投降。11年后,年届半百的邓植因小过获死罪,为严续诤言所救,密释回闽,定居杉关西南安仁保,即今泰宁县新桥乡。

南唐后主李煜继位后,冤狱繁兴,严续家人尽诛,自身成囚,幸得狱官赵元德拼死义释。严续脱险后,扮作僧人游历至邵武飞猿岭,隐于某寺。邓植获悉,感恩寻访,说服严续还俗,并恳劝年近花甲的恩人于北宋开宝二年(969年)娶自己女儿为妻,以大源作为嫁妆。

南溪圣殿

大源傩舞

　　大源傩舞源于北宋初,据传由严氏入闽始祖严续带入,原是宫廷舞蹈,叫"和藩舞",至今已传承千年。每年农历正月十五、十月十五都举行隆重祭祀赵元德将军活动,并抬迎其夫妇二人金身,环村游行六天五夜。分舞台表演和游行两部分,整套面具共15副。舞台表演一般由16人组成;游行时有扛旗者持12面彩旗、2人抬鼓,以及唢呐、静吹者等,队伍达四五十人。舞者为男丁,戴面具,光膀,着裙,穿草鞋,以基本武术招式为主,古朴悍猛,舞队由"弥勒佛"引导,各类神衹边舞边走,武乐(锣鼓)、文乐(丝竹)随行,庄重活泼。木鱼为鼓队总指挥,队伍在锣鼓和木鱼敲击节奏指挥下,相互配合进行队列变化。围绕迎献如意、金元宝、寿桃等主题,祈求风调雨顺,庆祝五谷丰登,表达人们对美好生活的追求和向往。

傩舞表演《古傩迎客来》

大源赤膊龙灯

　　大源赤膊龙灯原称"火龙",始于宋熙宁年间,传为见多识广严铁脚所创,已被列入省级"非遗"目录。正月十五为正灯日,有大源唱曲等持续五天的辅助活动。大源赤膊灯的特色有:龙头、龙尾用硬质木材精细雕刻,代代相传,年年祭奉,迄今已几百年;龙身没有灯罩,用特制赤裸蜡烛装点,风雨不灭;活动高潮为摆字布阵,如"福"字、"寿"字、八卦等。上大源、下大源各有一条"火龙",鸣炮起灯出行时,爆竹连响,武乐文乐随行,一派喜庆,不仅丰富了乡村生活,也凝聚了乡邻亲情和友情。

赤膊龙灯

(文/图:泰宁县委宣传部、泰宁县社科联)

26. 古村寻福

上坪村，位于建宁县东北部溪源乡境内，西与江西黎川县接壤，距建宁县城约20公里。至今完好保留有杨氏家庙、杨氏社主庙、杨家学堂等古建筑26幢，最早建于宋代后期，大多为清代建筑。有古驿道从村中穿过，明、清两朝为闽赣省界驿站。

全村仅杨氏一姓，为典型聚族而居的家族形态村落，是中国传统村落、省级历史文化名村。据《上坪关西族谱》记载："吾宗本河南光（州）固始县，达圣公梁太祖时随闽王来三山，至鼻祖感通公因闽王政失来居楚水上坪。"

上坪村村口

村口有几棵苍劲的水口树，树龄已数百年，这些老枫树的光净枝丫尚未冒出绿意，在灰白天空背景衬托下，一枝枝如一笔一画，好似书圣遒劲奔放的草书，灵逸脱俗。正是这几棵历经岁月沧桑的水口树，经年累月把守着进村必经之路，守护着这个千年古村的气运福泽。古人历来重视村子水口设置，讲究地势走向，具备藏风聚水功能，以为村子聚气生财、呈祥纳福。站在高空俯瞰村口，整个村子地势、布局一目了然。村子坐落在一片山坳盆地中，依山傍水，群山环抱，两腰玉带（小溪）绕村一圈，至村口汇合成一条清溪，静静流向远方，长年不息；村里仅有一条小路进出，路两旁是层层梯田；村口乃"四象迎宾"之势，村后为"双龙戏珠"之形，村中有"七星伴月"。独特的地理形势，充分体现了上坪杨氏始祖地理布局的整体意识。

　　除水口树外，村里还有一棵"福运"树，位于村西头赵公庙中，是棵古槐树。槐树北方多见而南方少，上坪村也仅此一棵。据村里老人说，古槐树已近千年树龄，为上坪杨氏第十三世祖杨仁可当年回河南固始县老家时，带树种回村所植，是对"根"的记忆，它也被村里族人视为树神，与赵公庙财神一道，赋予了上坪杨氏对河南老家"根"的情意和对家族气运的祈福。

　　村里有杨氏家庙、四知学堂两幢古建筑，极具文化内涵。杨氏家庙建于清乾隆四十二年（1777年），坐落

古槐树

于村子水口位置，二进单檐歇山顶抬梁式砖木混合结构，白墙黛瓦，耕读文化气息浓厚。同治元年（1862年）《上坪杨氏重修祠堂记》载："临水际而扼村口，杨氏祠堂也。其文人来见，多朴茂特杰无城市浮靡之习……"步入杨氏家庙，随处可见与福有关意象：正门上方有"龙凤呈祥""多子多福"彩绘，左额枋"鹿竹双庆"、右额枋"鹤寿松龄"，三门上方墙檐各有"夏荷、秋菊、春兰、冬梅"壁画，屋顶山墙上生动的飞檐、房梁花窗上精美的雕刻，以及精心的整体布局，处处饱含"福"意蕴。村里各式古建筑中，诸如蝠（福）、鹿（禄）、桃（寿）、鹊（喜）之类彩绘、壁画、砖雕、窗雕比比皆是，无不寄意对家族（家庭）福运的祈愿。

杨氏家庙

杨氏家庙堂中神龛供奉着上坪杨家列祖列宗，正中是"始祖汉太尉关西夫子杨伯起公府君之位"。《杨氏祠堂记》云："杨氏郡望弘农，上坪杨氏曰关西郡，别其出于太尉公也。"表明上坪杨氏乃东汉名臣"关西夫子"杨震后裔。村中"四知学堂"，名称取自于杨震"却金暮夜"高风亮节之事，有"四知"为千古美谈。杨震曰："使后世称为清白吏子孙，以此遗之，不亦厚乎！"从此"四知"成为关西杨氏家风，其后人以"四知"为堂号。上坪杨氏秉此祖训，建"四知学堂"传"四知"清白家风。上坪"四知学堂"与杨氏家庙一道，构建了上坪杨氏族人的精神谱系，代代传承。

  建宁农耕文化底蕴深厚，民风淳朴，由此也产生了一些独特民俗。如"晏神节"，每年正月初二一早，全村男女老少齐聚村口社祖庙，经过一番祭拜，请出社祖公、社祖婆；然后年轻人便争先抬着上坪杨家这对老祖宗出殿，一路浩浩荡荡绕村一圈；之后将老祖宗抬到当年轮值大厅，此乃"请晏"；接着杨氏子孙们摆上大坛米酒、三牲、果品、菜肴等祭品，点上香烛，每隔一个时辰进行虔诚祭拜，请老祖宗吃酒；晚上请道士班唱戏，安排人守晏到天明，是为"上晏"。正月初五，又是热热闹闹地将祖宗送回社祖庙，此为"送晏"。如此这般，持续三天，在鼓乐、爆竹、唱念声交织中，为家族福祉祈愿，祈盼祖先福佑全村来年风调雨顺、五谷丰登、平安幸福。

（文/图：温兆坚）

27. 岩前郎官第

岩前万寿岩吕厝"郎官第",为时任浙江钱塘知府吕孟四所建,于明嘉靖元年(1522年)建成。其先祖吕占,唐末随王审知入闽,后裔从第六世起先后出过工部侍郎吕天申、吏部侍郎吕大奎和尚书侍郎吕惠卿(官至参知政事),岩前吕氏族谱记有"四世六登元辅,十子八捷南宫"对联。

郎官第总面积3.8亩,由上下堂九个厅构成。房屋总立柱999.5根,俗称"千柱厝",因身份级别所限,把千根柱其一降半根才不违例。内有九个厅、三个天井,每个大厅口对应一个天井。各厅依次为:下堂居中淳化厅;左边水鸭厅,门口朝上左天井;右边石蛙厅,门口朝上右天井。上堂设前后厅,居中最大厅为郎官厅;左边白鹤厅,门口朝下左天井;右边紫云厅,门口朝下右天井。上堂居中后堂为鲤鱼厅,左后堂为黄蜂厅,右后堂为鱼塘厅。

郎官第最大特色是进门七个敞坪。第一个坪是鲤鱼坪，因坪形如鲤鱼而得名。坪为青砖铺设，鱼头朝着河的下游，鱼背朝外，呈摇头摆尾顺流而下姿态，寓意人生仕途顺风顺水。其对应北斗七星中的"破军星"，为避免破损与消耗，凡事谋定而后动，不勉求变动，持盈保泰，故不可逆潮流而动，乃取顺水之势。鲤鱼形状，鱼头、鱼眼清晰可见，鱼体形态逼真。鲤鱼，音谐"礼遇"，有朋自远方来，不亦说乎，自当礼遇；"鲤"亦谐"理"，衙门八字朝南开，是个讲道理、评事理的地方，中华文化博大精深，由此可见一斑。

第二个坪是水浪坪，因其围墙和中间青砖走道形似水浪而得名。由青砖铺设，弯曲形状似波浪，寓意人生得经风浪、去拼搏奋斗。水浪，活力强，刚健勇猛，后浪推前浪，动而不息，绵延不绝，声势浩荡，有千军万马之势。其对应"武曲星"，是勇气、财富与权力的象征。又与鲤鱼坪相隔，有鲤鱼跃龙门之意。

第三个坪是半月坪，形如半轮明月，用鹅卵石铺设。因农历月缺天数比月圆天数多，以制半圆形。半月，对应七星中"廉贞星"，古称"杀星""囚星"。为规避"杀"与"囚"危害，刻意制成半月形，一面取直，意即守住底线，是非分明，负责尽职；一面取圆，讲求思想灵活，善于变通。书云："廉贞遇文昌，好礼乐"，为趋利避煞，制成文昌星——"六星组成形如半月"吉格。

第四个坪是四方坪，形制正四方，代表大地东、南、西、北四个方向。

七个坪中从外数到里，从里数到外，四方坪都是第四个坪。对应主科甲文曲星，可偏重诗词歌赋、文艺才能，亦可作琴棋书画"四艺"解读，或为笔墨纸砚"文房四宝"载体。同时，文曲个性张扬、学术博杂，为防口才偏佞，惹是生非，需加自律，宜当"克己复礼、正心修身"。四方意即强化"四德"（女子"德、言、容、功"，儒家"孝、悌、忠、信"，易家"元、亨、利、贞"）。

第五个坪是照壁坪，形为一字型，是七个坪的一个方向转折点，站在照壁坪上视野明朗、开阔，有柳暗花明之感。照壁坪呈长方形，长度与坪上照壁墙一致，宽与四方坪相同，青砖铺设，甚为规整。对应禄存星，代表财富和地位的"爵禄"。郎官第正房内水，经由三个天井、内坪、外坪在此汇聚，符合"禄存"之意，又因该星性质稳定，因而制成四平八稳长方形。"家有照壁墙，富贵添吉祥"，有个照壁墙，不但聚财，还可把邪祟阻拦在外，化解凶煞之气。

第六个坪是外坪，相对内坪而言，为郎官第最大坪，由青砖铺就，无遮拦，四面开阔，可供活动。它与水浪坪、半月坪等的"小巧""深幽"风格不同，透出视野开阔、宽敞明亮、大气恢宏的特点。对应"二黑巨门星"，因所聚之处易有灵界产生，特此保持空旷明亮，避免煞气。

第七个坪是内坪，因两边建有柜头房，属屋内行走之地，故称内坪。坪呈正方形，规整方正，居正北方位，三面环屋，南面与外坪无遮挡紧邻，在七坪中地势最高，余坪皆匍匐在地、俯首称臣，地位显赫。它背靠高耸房屋、围墙起伏、四边拱照，对应"贪狼星"，主文才。有道是"贪狼家道隆，五子更英雄。阳土巨门星，人财家道兴"，故内坪、外坪在郎官第正屋大门内，余皆其外。同时，一路进来阴阳交叉，鲤鱼坪为阴，水浪坪为阳，半月坪为阴，四方坪为阳，有天地融合之意。

郎官第照壁墙体为青砖多型块铺面，上雕刻春夏秋冬四季花，春天桃花、夏天荷花、秋天菊花、冬天梅花，意寓四季平安；花下横批"光风霁月"四字，寓意胸襟、心境开阔；横披下方中间为方砖明镜拼图，是为警钟，时刻对照自己，醒悟为官之道。石砖壁还可起到挡风、辟邪作用，墙体制作前斜后正，有观瞻舒适感。郎官第石雕荷花刻画了从根藕到大叶片、中叶片、尖叶片、花中含蕊、清枝结莲等一系列细节，构图清晰悦目，寓意清白自爱、吉祥如意。

照壁

石雕荷花

岩前原属中央苏区归化县管辖，是"宁清归"苏区重要组成部分。第二次反"围剿"胜利后，粟裕等率红四军十三师进入岩前开展抗租抗高利贷斗争。1931年7月，罗炳辉率领红十二军一部强渡渔塘溪，消灭反动民团，解放岩前。红十二军一部攻占岩前后驻扎在"郎官第"并设立交通站，在此发动岩前人民开展土地革命斗争。1933年8月，东方军再次来到岩前，使岩前苏维埃斗争和根据地建设达到鼎盛。在党和苏维埃政府领导下，岩前人民深入开展土地革命斗争，大力发展农业生产，使粮食逐年增收，为巩固苏区政权作出了贡献。1931年至1934年间，中共岩前乡支部和乡苏维埃政府多次在郎官第召开会议，宣传革命道理，发动农民群众打土豪，分田地，筹粮筹款，转送食盐等物资到归化、宁化、瑞金等中央苏区，组织青年参加红军，支援红十二军解放岩前和东方军解放归化、沙县，坚持革命斗争近3年。郎官第院内有儿童团岗哨、岩前赤卫队部等革命遗址遗迹，是中共归化县东南（区委）办事处暨岩前乡苏维埃政府（支部）旧址，2019年被三明市政府列为第二批红色文化遗址并予以修缮保护。

（文：马玉太、吕树坤　图：马玉太）

28. 闽湖

闽湖，是一个因建设街面水电站而形成的人工湖，一个以福建省别称命名的湖。

闽湖位于三明市尤溪县西南部，与大田、德化交界，在福建省版图核心地理位置，可谓八闽"心脏之湖"。闽湖边坡建有福建省地理中心标志，即八角形广场大理石拼接的大幅福建省地图，中心点镶嵌石圆球，称"八闽丹心"，所属公园，命名闽心园。

八闽丹心

闽湖湖阔、水深、域广,水面如镜,碧波万顷,从坝址至水库末端长约41千米,库面最大宽度2.5千米,湖底最深处达200米以上,水域面积36.96平方千米,为目前福建省最大人工湖。闽湖湾汊上溯至大田、德化深山沟壑中,坝址以上集水面积1604平方千米,年径流量14.25亿立方米,水库正常蓄水位290米,死水位250米,总库容18.24亿立方米,名列福建省大型水库库容第三位。库岸山峦跌宕起伏,库湾岛屿错落有致,森林茂密,青山秀水。闽湖犹如一颗璀璨耀眼明珠镶嵌在八闽大地中心,现为国家级水利风景区。

大坝雄姿

街面水电站是福建省唯一具有多年调节性能的大型龙头水电站,也是福建省5大水电站之一。闽湖大坝为混凝土重力型坝体,坝顶长500.5米、宽10米,坝顶高程294米,最大坝高126米,属福建第一高坝。总装机容量30万千瓦,年平均发电量3.6亿度。

街面水电站于1960年纳入尤溪干流梯级开发规划,并作为水口水库后备库容纳入闽江流域规划。但受多种因素影响,至改革开放时期,应国民经济发展需要，街面水电站建设才被迅速摆上议事日程。电站建设于1983年完成可行性研究报告，1995年7月通过开发方案专题论证报告，1999年4月形成《福建尤溪街面水电站可行性研究报告审查意见》。2000年4月29日福建省政府同意街面电站开发建设，2001年1月17日国务院批准立项，2003年2月19日国务院批准可行性研究报告。电站主体工程于2004年4月17日开工，2007年2月14日下闸蓄水，两台机组分别于2007年11月28日和2008年5月30日投产发电。

迷人的玉溪

闽湖建设及其成湖，导致尤溪县坂面镇厚禄坪村的下尾、厚禄坪、狮坑、四科亭，街面村的林坂、街面、福圮、下寮、八尺洋、茶坂、墓仔坑、后盂，永坑村的香祠、路口等自然村被淹没，仅存厚禄坪村半岭山自然村因海拔高而没有搬迁，并与一部分后靠移民设置的半岭山安置点、林坂山安置点组建新闽湖村。沿着玉溪（大田段称均溪）河流上溯，水库淹没还涉及大田县湖美乡高才、后坪、新厝、岬才、宏才、湖上、仁美村，梅山镇香坪、雄峰、卓坑里村，华兴乡昆山村等3个乡镇11个村；沿着后盂溪（古称汤溪）河流上溯，水库淹没涉及尤溪县坂面镇永坑村、德化县汤头乡岭脚、格中等村。库区合计拆迁房屋面积426255平方米，附属建筑面积59341平方米，总搬迁人口10833人。其中尤溪县坂面乡的街面、厚禄坪，移民搬迁1654户

7150人。

搬迁中的村庄一角

2005年11月水库建设时,在尤溪县街面村的福圮,发现距今3000多年的新石器时代至商周时代青铜文化遗址,其中泥质灰陶、夹砂灰陶质的印纹硬陶片和砍砸器,是福建分布最为普遍的一种文化遗存,它的上限年代大约相当于商周时期,说明早在3000年前就有人类在这依山面水的山岗生产生活。唐开元二十九年(741年)尤溪设县,宋朝之前这片土地的先民情况,存世的《尤溪县志》没有记载,无从考究,从明崇祯九年(1636年)《尤溪县志》可知,宋时包溪、下尾、渡头、山岩、八尺洋等5个村庄,属尤溪县进贤乡大田里管辖。明洪武年间废乡、团,全县划分为50个都,上述5个村庄划为二十九都。此后,朝代更替,村庄或增加或变迁,但二十九都形成的独特习俗和方言孤岛一直没变,民间一直把这片区域称为二十九都。

街面中学

　　明嘉靖十四年（1535年），因大田建县，尤溪县高才坂巡检司改建在二十九都下尾龙坪，以扼要地，代理什事。清代历经四次修建，于清末迁到县治仪门西，但下尾龙坪巡检司地基到20世纪60年代仍清晰可见。巡检司前当时通往大田的重要渡口（高才渡），当地百姓习惯称之"渡船头"。宋明时期，建起不少"庵""堂"，如宋绍兴二年（1132年）建的清水堂，明崇祯三年（1630年）建的龙兴庵（下尾庵）等。

　　1934年，北上抗日先遣队与护送其北上抗日的红九军团先头部队，由大田县乌厝坪进入尤溪县，曾途经四科亭、厚禄坪、下尾等自然村，闽湖建设时，在百姓住房里仍发现许多红军标语。因取解放军进驻厚禄坪之意，厚禄坪行政村一度改村名为"解进村"，"文化大革命"时期因"解进"和"改正"在当地方言中发音一样，村名曾被改为"改正"，改革开放时期，因村部在厚禄坪自然村，改称厚禄坪村。

　　二十九都境内地质构造"四分五裂"，高山与河谷平原地貌泾渭分明，山岭鼎峙、沟谷纵横，河谷、盆地、丘陵、山地交错分布，在亿万年悠悠漫长历史演变中，大自然留下了鬼斧神工的杰作。如位于大坝下游，至今还保留的水流无声七里深潭、近乎直立的悬崖峭壁等，令人拍案叫绝；更多丰富的自然遗产如龟石、弥勒山、马军岭、金鸡潭等，以及人文遗产如下尾寨、龙兴庵、古码头、古渡口等，由于水库建设，一概淹没库底，只留存于人们记忆深处。因水流冲积沿玉溪从下尾到田溪口、沿后孟溪从福祀到双溪口形成两条呈Y字形长约15公里、宽3—7公里的狭长河谷平原。二十九都一代代村民就生活在玉溪和后孟溪两岸，这里依山傍水，洋面平坦有形，气候温暖湿润，雨水充沛、光照充足、土壤肥沃、资源丰富，是农耕社会理想栖息地。由于小环境优越，这里物产丰富、品质优良。下尾、厚禄坪的甘蔗、花生、大米等远近闻名；溪口芦柑获得省级金奖；下尾粉干在明代中期就开始制作，色白松软、味香爽口、营养丰富，畅销大田、德化等地。还有二十九都独特的香醇糯米红酒和草药米烧、柔韧"钟形"白粿、

渡船头钢索桥

金奖芦柑

甜蜜乌糖板等，都是招待贵客的上等特产。

这里蓬莱山、九仙山、高峰山三山相峙，玉溪（上为均溪下为尤溪）、汤溪、汶溪三溪合流，尤溪、大田、德化三县交融。宋时民间就已开始开采银矿、铁矿，到明朝已形成一定规模，留有铁山岭、双溪口等遗迹；明代有比较发达的制糖业，下尾村两个古老榨糖厂直至20世纪90年代还在榨制以自产甘蔗为原料的"乌糖"。这里是河运重镇，河运时代成为南平、尤溪和大田、德化、永春等地人流物流重要枢纽，留有古码头、古渡口。造船和船运是下尾村民代代相传的"赚钱"行业，直至20世纪70年代后期，公路开通后船运才逐步消亡。明代，纪坂已是"人烟辏集，仍西南一大镇"。清末，由于客商来往众多，德化、永春路途比较远的客商开始在玉溪、后孟溪合流处的河滩，搭盖起住房（当地风俗，宗族村庄一般不许外姓居住，只能在"三不管"地带建房）。起始仅为生意方便来往居住，后慢慢发展为商铺。或因洪水、匪灾，几经重建，商铺便逐渐靠往山边，并形成一条街，当地始称"街路"，渐成当地与附近村民繁华的商品交易集市。在街路开商铺的大多是德化、永春客商，本地人较少。民国初期街路有几十家商铺，到民国三十二年

墟场的热闹景象

（1943年），发展到一百多家。由于商旅聚集，往来驻足，街路便开设墟场。随着经济发展、市场繁荣，"街路"人不断往后山建房，形成新街，原来的"街路"不能适应墟场需要，1961年迁入新街。每逢墟日，"街路"墟场商贾云集，人头攒动，热闹非凡，不仅有二十九都各村村民，还有来自德化、永春、大田和二十八都附近的客商和村民。

高峡筑雄坝，蓄水成闽湖。街面电站建设淹没了历史悠久的二十九都，成就了碧波浩渺、造福百姓的闽湖。

（文：纪其昌　图：坂面镇党办）

29. 毛泽东《如梦令·元旦》

一代伟人毛泽东是一位伟大的思想家、政治家、革命家和军事家，也是一位伟大的诗人与词人。毛泽东在福建进行伟大革命实践中创作的几首经典诗词，《清平乐·蒋桂战争》《采桑子·重阳》《如梦令·元旦》《渔家傲·反第二次大"围剿"》等，都收录在1996年中央文献出版社出版的《毛泽东诗词集》，尽管数量不多，但艺术成就极高，尤其是《如梦令·元旦》，广为流传，脍炙人口。

《如梦令·元旦》的三个版本

毛泽东是一位独领风骚的伟大诗人，分析比较毛泽东诗词会发现，其创作的许多作品都经过多次修改。修改内容涉及作品标题、措辞用语、谋篇布局、标点符号等，《如梦令·元旦》也是几易其稿。最初版本："宁化、清流、归化，路隘林深苔滑。众志已成城，风卷红旗如画。如画如画，直指武夷山下。"这个版本手稿的原件收藏在中央档案馆，经多方努力，宁化县革命纪念馆复制了这个手稿，并作为实物陈列。

1956年8月由"延安五老"之一的谢觉哉首次在官方杂志《中学生》发表时不再出现"众志已成城"，全诗改为："宁化、清流、归化，路隘林深苔滑。今日向何方？直指武夷山下。山下山下，风卷红旗如画。"这个版本与手稿相比，全词6句有2句不同，33个字中有9个字不同。最大的不同在于直接删除了"众志已成城"，因毛泽东在1928年创作的《西江月·井冈山》已有类似词句："早已森严壁垒，更加众志成城。"1957年1月，《诗刊》杂志创刊号首次发表毛泽东《旧体诗词十八首》，这首原名《如梦令·宁化途中》词列入其中并更名为《如梦令·元旦》。在《诗刊》中发表这首词，与第二个版本只相差一个字，"风卷红旗如画"的"风卷"改为"风展"，这是因为毛泽东在1930年2月写的《减字木兰花·广昌路上》中也有"风卷红旗过大关"。"展"有"舒展"之意，这首词是古田会议之后毛泽东创作的第一首词，用"风展红旗如画"表达"中国革命高潮即将到来"的坚定信念，也为中国革命描绘出一幅"如置眉前"的生动绚丽画卷。其中虽只是修改一个字，但既避免重复，又赋予这首词更高意境，这也是毛泽东诗词之所以意境高远、用词精妙的奥秘所在。

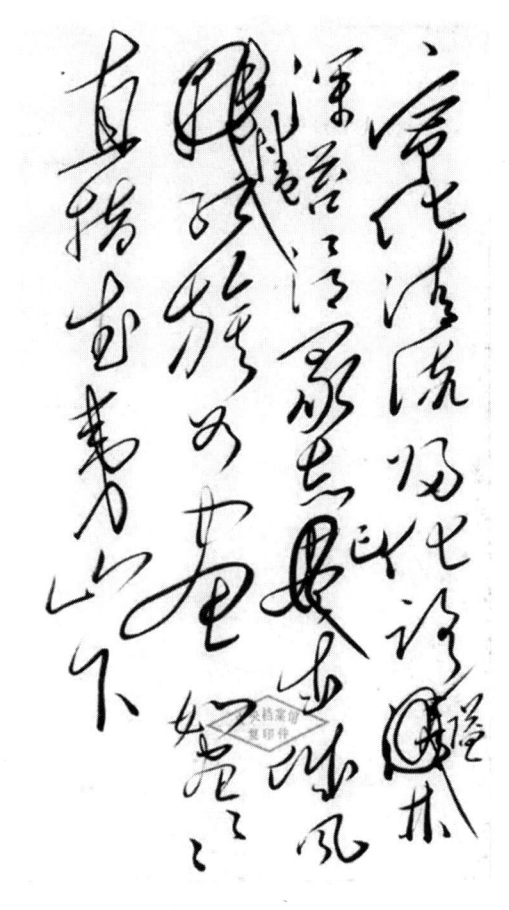

中央档案馆复印件

《如梦令·元旦》创作于福建宁化

《如梦令·元旦》创作地点仍有争议，主要有"写于福建宁化""写于江西境内""写于福建清流""写于福建宁清归途中""写于福建建宁"等几种说法。从行军路线和写作条件看，这首词创作于宁化比较符合逻辑。

1956年8月出版的《中学生》杂志原件，记载着这首词的原名是《如梦令·宁化途中》，它由既是毛泽东老师又曾在中华苏维埃临时中央政府时期任过毛泽东秘书的谢觉哉首次整理出来，在《中学生》如此权威的杂志上首次发表毛泽东几首词，肯定征求过毛泽东本人意见。"1956年8月初次发表时，毛泽东将题目定名为《宁化途中》，这应是作者记忆的真实表达。"在目前缺乏最原始依据的情况下，这本出版于60多年前的《中学生》杂志首次公开发表的毛泽东《如梦令·宁化途中》一词，应是最权威、最有说服力的立论依据，其他各说仅是推理，甚至主观臆断。

1956年8月版《中学生》杂志

展陈在宁化县革命纪念馆的邓子恢手迹《如梦令·元旦》词匾，也是这首词创作地的又一文物佐证。1960年1月，中共福建省委向中央转呈了中共清宁县委的报告（1959年2月至1961年8月，清流县和宁化县合并为清宁县，县委、县政府机关设在宁化城关，隶属龙岩专区），请求毛泽东主席重书《如梦令·元旦》一词。毛泽东主席请当时国务院副总理、闽西革命根据地创建者之一邓子恢同志代为书写。邓子恢经过反复练笔，精心书写，挑选了一幅自己比较满意的作品，慎重地剪成一个一个字，由中共中央办公厅寄至宁化县。邓子恢同志还附了一封信，谦虚地说自己的字写得不好，但受中央委托，还是勉为其难写了，现挑选了一套比较满意的字寄去，看看是否能用。鉴于目前文字排版方式，正是由竖排向横排过渡时期，所以将这首词剪成单个字寄去。1961年10月，为使邓子恢同志书写的毛泽东词得以永久保存，中共宁化县委决定将其制成木匾。时任宁化县文化馆长连木柠选取上等楠木、采用邓子恢同志推荐的横排形式制作该词匾，连木柠同志带着描摹出来的词稿，到福州脱胎漆厂精心刻制而成。

邓子恢手迹

  毛泽东诗词创作在不同时期有不同特点，仅就1930年言，目前只发现了三首词，按时间顺序分别为1930年1月创作的《如梦令·宁化途中》、2月创作的《减字木兰花·广昌路上》、6月创作的《蝶恋花·从汀州向长沙》，从中可看出，毛泽东这一年所创作的诗词，都以地点为题，这恰好描述了古田会议之后，毛泽东率部为创建中央革命根据地在闽西、赣南红土地上纵横驰骋的行迹。

《如梦令·元旦》创作于1930年1月中旬

  《诗刊》发表这首词时，以"元旦"为题，有些人以为"元旦"就是1930年1月1日阳历元旦，这种理解是不正确的，因为1930年1月1日毛泽东、朱德和红四军还在闽西古田。有些人则认定这是当年农历正月初一（1930年1月30日），但此时毛泽东、朱德已在江西境内，如这个时间成立，词中"今日向何方？直指武夷山下"的行动方向，就会完全背离历史背景。

古田会议前后，国民党积极部署对闽西苏区第二次三省"围剿"，以金汉鼎为总指挥的三省国民党军约定于1930年1月4日同时出动，第一步攻击目标是连城新泉，然后再向古田进攻，这是一次几年来各派军阀"三省会剿比较一致"的行动。红四军决定由朱德率领一、三、四纵队北击连城，从敌人力量薄弱的北线出击，越过武夷山，打到赣南，逼迫赣军金汉鼎部回援。1930年1月5日，朱德率领三支纵队从古田出发，于1月9日由连城抵达宁化，并于1月13日再由宁化出发，经济村、禾口向江西石城进发，1月16日占领广昌。毛泽东率领的红四军第二纵队，在朱德率领的三支纵队从古田出发的同一天，按原定计划主动出击，在龙岩小池袭击进犯之敌，以掩护主力向连城行动。1月9日，毛泽东在古田召开前委会议，决定第二纵队仍按原计划开赴龙岩梅村，以便与朱德联络。在行军途中，毛泽东获悉朱德已率领主力开往赣南，于是率领第二纵队改向清流、归化、宁化一线进发。1月16日，毛泽东则率领红四军前委和第二纵队由连城、清流余家畲与林畲、归化张地与林家山，到达宁化县青瑶、罗坊坝、泉上、泉下，17日经豪亨、庙前、大岭抵水茜，18日经安寨、大洋、岩前进入安远，19日经肖坊、营上、吴家向江西广昌进发。正是在宁化驻扎的四天三夜里，毛泽东真切地感受到了行军宁清归途中的"路隘林深苔滑"情景，激发了"风展红旗如画"的豪情。

中华诗词语言最精美、简炼，极具张力与弹性。毛泽东《如梦令·元旦》词名"元旦"，却并不特指哪一天，泛指"元旦期间""新年时节"，亦隐喻全党全军在古田会议精神指引下团结一心、勇夺胜利的新起点、新气象，或预示着新的革命高潮即将到来的大好形势，其赋予"元旦"以更丰富的历史内涵和革命新意。据此，也可判定毛泽东《如梦令·元旦》创作时间是1930年1月16日至19日期间。

（文：邱明华　图：邱明华、林正添）

30. 尤溪风物拾遗

尤溪位于福建中部戴云山脉北段西坡，东邻闽清、永春县，西连沙县、大田县，南接德化县，北毗南平市，总面积3421.69平方，总人口约40万。唐开元二十九年（741年）建县，先后隶属于福州、建州、剑州、三明，至今已逾1283年，荣膺联合国地名专家组命名的"千年古县"称号。现择其风物细末，罗列于下。

禅峰寺

该寺位于坂面镇蓬莱山悬崖峭壁下，占地面积七八亩，建筑面积约400平方米，1987年重修。相传原是坂面上坂头徐氏宗祠，人言此处风水好，必出大贵，主人于是把房子建成县衙状。一天，县老爷路过大演村，发现蓬莱山下有块风水宝地，经水流测试，证得已被人开发，于是叫衙役前往察看。按古代礼制规定，民间房子建成县衙状乃僭越之罪，徐家人无奈，只好到蓬莱山顶临时抱来观音佛像，说是庙宇，才避免一场灾难。事后，徐家人想把观音佛像抱回蓬莱山顶，但怎么也抱不回去，于是这座徐家民宅成为寺庙、宗祠合一的建筑。由于交通不便，徐家人逐渐从这里迁至坂面上坂头，亦耕亦渔，人口得到迅速发展。

禅峰寺前有一片开阔田园，年代久远，少人问津，石垒田埂已斑驳，四五年前种上了油茶。田园上方，有两株南岭栲（又名毛槠、毛栲），五六人手拉手合抱大小，树龄在千年以上。田园下有一笋干厂，早年用于烘烤白笋干。

后山裸露岩石,形态各异,堪舆家称之为"傀儡(木偶)落台"。禅峰寺前是巍峨的罗汉山,与蓬莱山直线距离仅几公里,并为尤溪两大名山。

天 峰 山

　　西城镇渻头村天峰山上,植被茂盛,怪石嶙峋,有许多棋盘状巨石,纹路奇特,形态各异。相传有个杨姓小孩上山割草,见天峰顶上风卷云涌,林木葱郁,恍如进入神仙境界,于是把割草一事忘得一干二净。这时,见两个鹤发童颜、长须飘飘老者,正在崖石上下棋,小孩便停下观看。看了一会儿,一个老者抚摸着小孩额头,笑着说:"秋天到了,稻子已经黄了。"而后腾云驾雾而去。小孩缓过神来立刻下山,"山中方一日,世上已千年",小孩发现自己所割的草早已腐烂,而眼前所见则是一派稻谷飘香的丰收景象。

　　天峰顶植被一直被保护得很好,四处是高大树木,有的马尾松树足有三四十米高。山顶有个"天峰亭",从此处望去,山脉连绵起伏,可看到厦沙高速公路。

姜公奇河

该河位于溪尾乡埔宁村与高山村之间，是一条水流湍急、有嶙峋怪石的河流，相传为姜子牙后裔休养生息之处，名为"姜公奇河"。

姜公奇河全长6公里，落差200多米，拥有如来、龙潭等众多瀑布，古人曾用7根草绳绑着石头沉入潭底，测出龙潭深度在70米以上。这里也是方圆十里八乡大旱之年古人求雨圣地，听说异常灵验，至今仍留有古代求雨插香用的三个石穴，每个圆形石穴直径约15厘米。这里的石头，大小不一，形态各异，有的像逆流而上的鲤鱼，有的像正在游泳的美人，有的像巨大脚印，有的像虎爪紧抓着一块肉，有的拱成多个石门，令人目不暇接，美不胜收。尤其是一只小老虎与三个石人，相传从前有三个过路行人在龙潭边上观看巨龙出没，后来就立在路边成石了。

姜公奇河四周皆原始森林，有马尾松、木荷、黄楮、杜仲、砂仁等，即便寒冷早春，也有尖萼山茶花、福建山樱花、野山桃等盛开。沿岸有山麂、野猪、白鹇、斑鸠、黄腹角雉等珍禽走兽，建国前夕，还有人看过华南虎在石壁上睡觉。

美人游泳、神仙脚印

大地头村

该村是西滨镇彩城村一个自然村，与联合镇惠州村、延平区炉下镇斜溪村和塔前镇坑柄村交界，主要有许、陈、吴、杨四个姓氏，约两三百人。

据《后楼林氏族谱》记载："苇公传至十七世善齐公，因功名不遂，由福州城南携眷退居南平杜溪里（今南平市延平区炉下镇），潜心育学。传至堃公，于明正统年间，由杜溪里迁居十三都竹溪，正德庚午（1510年），择大地小园底筑屋而居。公博览群书，疏财仗义。明正统间，剿寇有功，授封尤溪县尉，晋升江西布政司，生七子：意、志、石、坚、孝、世、传。孝五公由大地头迁来后楼，六传之后，其裔乃昌。"又云："公字若思，披公之五子。明经擢第，授沧州、景州司马，赐绯金鱼袋，迁通州刺史。"

大地头出现了"陈林宗祠"这类宗祠合立现象。据当地老人介绍，陈家迁大地头村时间早，且有一定田产，因劳力不够，雇用吴、林两长工，都很勤快，替陈家耕种多年。后来，吴姓长工在陈家宗祠边盖了厢房，为便于年节祭祀，相商在陈家宗祠客厅案几摆放陈、吴两家香炉。林姓长工始终没有建房，一直住在陈家，陈家把女儿许配给林家，生有六七个孩子。林姓长工名垫，因没建房子，子孙只好把他的香炉，寄放在陈氏宗祠客厅长凳上。后人祭拜时觉得不妥，经陈家同意，把林氏香炉从客厅长凳移到客厅案几，从此陈氏宗祠案几上香炉从两个增加到三个，时间一久，慢慢变成了陈、吴、林三姓人家共有宗祠。民国时期，陈、吴、林三家共有宗祠重建，吴家因有独立宗祠，退出三家共有宗祠，三姓宗祠也就剩下陈、林两姓。前些年，陈林宗祠再次重建，悬挂"林陈宗祠""通州刺史""布政司"牌匾。

大地头村许氏宗祠斜对面，有棵树龄数百年的樟树，现树干多为1976年后新长成的。据村人说，有史以来，每逢重要人物去世，此树都会发生一些异兆，或干枯一个枝条，或干枯半边树干。1925年孙中山先生去世时，老樟树叶几乎全干；1976年毛泽东主席去世时，老樟树几乎死去，当地人十分震惊，成为一个谜。

大 柏 山

坂面镇古迹村大柏山自然村，东与台溪乡七官场村玉园自然村、坂面镇古迹村常山自然村交界，西与坂面镇大墘村文崎后接壤，南与坂面镇古迹村古迹口自然村毗邻，北与台溪乡大头桥村王吉山自然村相连。大柏山村域面积2.3平方公里，森林覆盖率达95%，海拔399米，年平均气温15.8℃－19.6℃，每立方厘米含负氧离子15000个。2021年4月，被列入第四批省级传统村落名录。

全村皆姓张,始祖文庆公,于明崇祯十年(1637年),由廿八都常山墩头(今常山自然村)迁居廿四都大柏山,至今已387年。全村房屋基本是清代至民国时期所建,保存较完好,如清河堂、继忍堂、继昌堂、金鉴堂、寮厚堂、兴隆堂等。其中,清河堂建于清康熙年间,总面积300平方米;继忍堂建于清乾隆年间,总面积2300平方米;继昌堂建于清嘉庆年间,总面积2000平方米;金鉴堂建于清道光年间,总面积3300平方米;寮厚堂,建于民国末年,总面积1800平方米;兴隆堂建于民国末年,总面积2200平方米。全村以宗祠为中心,有溪山仙境(仙亭)、善利王宫、九曲回环、飞瀑听泉、石鼓松风、蓬莱守护、五马相聚、古造纸厂等自然或人文景观,小溪环绕,风光怡人。

大柏山多书香门第,清乾隆至光绪年间,宏辂公所教弟子12人考取秀才,其中开暹公、瑞孝公考取文秀才,瑞浩公考取武秀才。乾隆至民国初年有8个医生,其中开暹公、开是公、廷儒公等声名远播,宏鳌公还把药店开到县城,成为沈城(尤溪)名医。民国初年,士瑚公先后在古迹口、常山、六都等地教书、行医。1949年以后,有子午公等3人行医,其中子午公医术高明,县城等地患者,纷纷上门求医。

罗 汉 山

坂面正山村,位于省级森林公园——罗汉山森林公园脚下,与蓬莱山隔河相望。距闽湖国家水利风景区、莆炎高速公路闽湖互通口1公里,206省道穿村而过,具有得天独厚的自然与交通等优势。全村土地面积39766亩,其中耕地面积924亩、林地面积22159亩,森林覆盖率达95%以上。有6个自然村、280户1135人,以林姓为主。

正山罗汉山海拔1287.5米,常年雨量充沛。源于罗汉山的坑园溪,全长约7公里,其中3公里以上穿越原始森林,有大小瀑布100多个,尤其是九重瀑布,又叫"九落漈",落差上百米,"飞流直下三千尺,疑是银河落九天",宛如一条白练从天而降,发出哗哗响声,景色极其优美、壮观。相传上古时期，有个神仙到此处坑园卖水，仙水倒在哪里，哪里就出泉水，无论天有多旱，泉水都不会干涸。神话传说，是文化活化石，表达了人们某种祈盼与愿望。神仙卖水，体现了人们对水资源、水生态的保护意识。

"坑园林厝坑，五里没人家"，坑园、林厝坑方向，自古人烟稀少。从坑园王氏宗祠到罗汉山顶，步行约四十分钟路程。一路全是原始森林，沿途不时可以听到棘胸蛙"呱呱"鸣叫声，看到千年南岭栲、挂果雷公藤、野生红毛丹与板栗、大果油茶、柑橘，以及古人留下的土堡营寨旧址、古建残留石基、古造纸厂等遗迹。

坑园瀑布

（文/图：张宗铝）

31. 建宁将军庙的由来

建宁县城区溪口码头旁的溪口后山筑有一座"将军庙",大约建成于1929年,为迁居建宁的闽清籍人自发筹建。建宁闽清籍人这样口口相传:明末君主昏庸无道,狼烟四起,天灾人祸,田园荒芜,民不聊生,各地农民纷纷起义造反。当时闽清人为保卫家园,拥立一位叫白厅的首领,带领广大闽清地方人士,抗击各路进入闽清的军队。他们设立练武堂,劫富济贫,拒交皇贡税收,声势越来越大。后来朝廷派将军挂帅,率领御林军入闽清剿起义军。当御林军渡过闽江正准备进攻闽清县城时,全县民众扶老携幼、摆香案出城迎接。将军目睹此情此景,不愿伤及百姓、殃及无辜,当即命令部队停止前进。回到宿营地后,将军知道不剿灭闽清起义军,有违旨欺君之罪,回京必然被杀。两难之下,将军为挽救闽清数万民众,竟然舍生取义,投江自尽。将军死后,闽清全县百姓为其挂孝,并在县内建庙塑像,世代顶礼膜拜,以纪念将军义举。清末至民国初期,大量闽清人移居建宁,在建宁至福州千里闽江河道上操舟经商,溪口码头成为闽清人聚居地,也是全县"闽盐赣米"集散地。外乡人难忘家乡习俗,于是在建宁的闽清人在溪口后山修建庙宇祭祀将军,将军庙由此而来。

将军庙完全依照福州闽清一带建筑风格修建,土木结构,坐东朝西,通面阔20米,进深13米,占地面积260平方米。两面土夯侧墙高达十六七米,墙顶呈马鞍形(马头墙),飞檐翘角,并缀饰钴蓝色人物、花鸟、瑞兽浮雕图案。庙宇由廊庑、正殿构成,灰墙黛瓦,前后两墙皆由栅栏状板木制成。庙门两侧刻对联"明廷忠义无双士,梅邑功恩第一人"。庙殿内四梁八柱直径均

有一人合抱之大，皆雕梁画栋，正中供木雕彩绘戎装将军坐像。庙殿两侧由木板隔开，分设上下两层，可供住宿储物。溪口后山不高，但山上植被丰茂，枫树楮树古木参天，时常可见苍鹰盘旋。站在庙宇前，可以饱览整个建宁县城区，并与原来溪口青云岭上青云阁遥遥相望。

"这将军庙还真不一般，建成不久，战争年代陈毅来建宁开会时就居住在庙里！"30年前一管护将军庙的耄耋老者曾自豪地说过。建宁党史资料记载：1931年7月，第二次反"围剿"战争胜利后，时任赣南特委书记陈毅首赴建宁参加红一方面军总司令部、总前委在溪口总部召开的军事会议，会议期间就居住在溪口后山将军庙，并在庙周围设立红军哨所；1933年4月，第四次反"围剿"战争胜利后，时任江西省军区司令员陈毅又赴建宁调研地方武装斗争工作，期间再次住在将军庙。那耄耋老者饶有兴趣地说："陈毅当时常在庙里和革命群众座谈，还带领红军战士到将军庙下热闹的溪口码头街了解民情、宣传革命、发动群众，码头几个上年纪的老人都有印象……"作为当年陈毅在建宁的住所，作为革命斗争遗址，历史赋予它红色文化内涵。

寄托了民众希望的将军庙是建宁闽清人逢年过节祭拜之所。每年大年三

十，溪口码头各户闽清家庭捧着捞熟全鸡与白粿供盘到庙里祭祀；正月初一凌晨起，县内闽清人家提着鞭炮香烛，争先赶早前往将军庙烧头柱香。听老者说，过去临近正月十五元宵节的夜晚还有"游将军"活动。所谓"游将军"，就是众人把将军塑像恭敬地从将军庙抬放到木轿椅上，用两根轿棍旁穿轿椅，四人扛着轿椅，在众人簇拥下游行。游行时，在将军轿椅两侧，各有人牵着长绳看护；队伍最前面，有两人高举"回避"木牌开道；轿椅前后围簇着敲打鼓板、铜锣铙钹、竿夹铜钱的乐手；还有六个踩高跷的古装艺人；后面跟着五六十位兴高采烈的闽清人。队伍游行时，有专人背着自制煤油灯一路照明。"游将军"路线，从将军庙出发下山，经溪口码头街、青云岭、下坊街到东城门万安桥折返。活动在元宵节前持续几个晚上，沿途人家见到都会高兴地在家门前燃放鞭炮迎接，如同迎龙灯一般，尽情表达人们迎祥驱邪、祈盼保佑的美好愿望，场景煞是热闹！

"文革"期间，将军庙也难逃破"四旧"厄运，"游将军"习俗彻底消失，庙宇木板被拆卸、将军塑像被损坏、管庙老人被批斗……改革开放后，建宁的闽清同乡为赓续传统，维护革命老区旧址及古迹，多次募捐修缮将军庙。省老区办等部门也拨专款维修。2016年，将军庙作为"陈毅旧居"被列为县级文物保护单位。

（文/图：林成勇）

32.《少共国际师画报》

《少共国际师画报》是第二次国内革命战争时期,苏区少共中央局机关报《青年实话》于1933年6月11日出版的唯一一期副刊画报,是《青年实话》为少共国际师的创建而专门出版的宣传画报,以少共中央局名义出版发行。1951年南方老革命根据地访问团在建宁县第一区人民政府访问时,建宁县溪口群众将画报上交,访问团又转给建宁县委会作为档案存档,1957年转交建宁县纪念馆(现建宁县中央苏区反"围剿"纪念馆)收藏。画报于1994年10月被确认为国家一级革命文物。

《少共国际师画报》为纸质黑白石印,横58厘米,纵37厘米,由12幅画和一首歌曲组成,左上角用隶书自左向右横书:"创造'少共国际师'——给今年国际青年节的赠品!",在下面长方格内有肩题"青年实话副刊",主题"少共国际师画报",副题"少共中央局出版、一九三三年六月十一日"等字样,字体工整,线条流畅,人物形象逼真,有很强艺术表现力和感染力,给人以清新明快之感。画报注重场面捕捉,动静结合,画面感极强,在仅有0.2平方米画面中,内容丰富而不凌乱,足见作者艺术功底。

画报以连环画形式,记录了中国工农红军少共国际师(由一群平均年龄不到18岁的青少年组成的武装部队)的一批批"红小鬼"在建宁这片红土地上舍身忘我、浴血奋战,写下的可歌可泣的英雄事迹,它见证了那段炮火纷飞、风雨如磐的峥嵘岁月,以及少共国际师成长壮大的光辉历程。

1932年,国民党在赣粤闽边区集结40万兵力,发动第四次军事"围剿",中央苏区遭到全面进攻。当年2月,中共苏区中央局作出粉碎敌人第四次

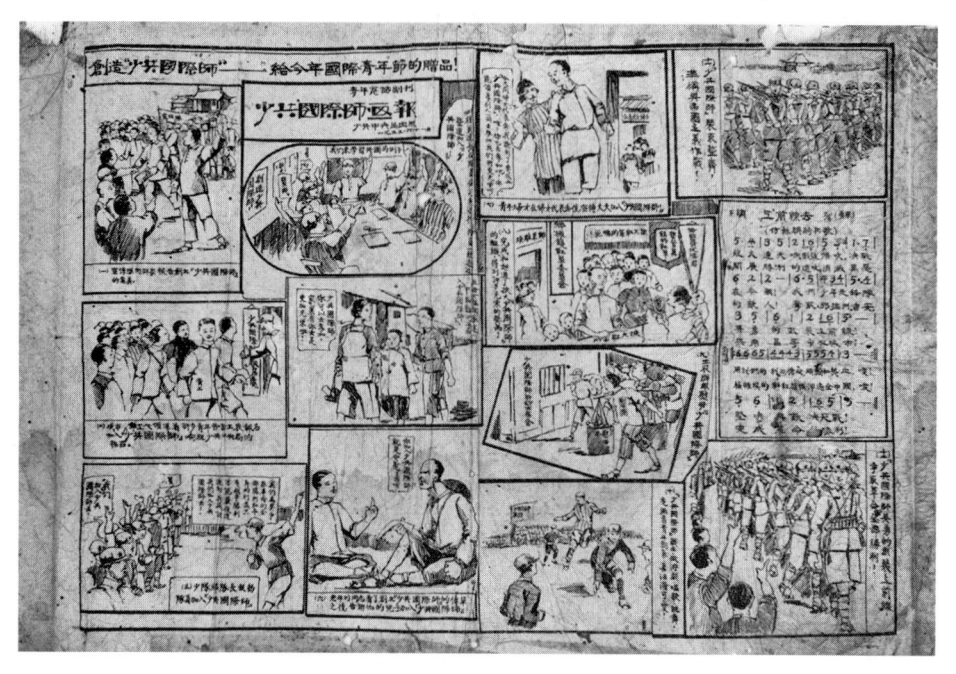

少共国际师画报

"围剿"决议,在全中国各苏区调集百万红军,与国民党军队进行殊死搏斗。为尽全力巩固红军主力,1933年5月,少共中央局决定创立"少共国际师",并在江西征调4000人、福建征调2000人、闽赣征调2000人。当年6月,朱德总司令到瑞金召开少先队队长联席会议,详细分析了国际国内政治状况,鼓舞共青团和少先队参军上前线,用实际行动保卫土地革命,推翻三座大山。为了在"八一"前完成创建"少共国际师"任务,《青年实话》出版《少共国际师画报》,以生动活泼、通俗易懂、图文并茂的画报宣传形式,积极向广大群众宣传创建少共国际师的意义及过程。1933年8月5日,"少共国际师"在江西博生(今宁都县)跑马场成立,中央军委会代表王盛荣致词,并代表"中革军委"向"少共国际师"授旗。自此,集中了3个省少年先锋团的特殊部队——"中国工农红军少共国际师"正式成立。首任政委冯文彬后来回忆:"江西的兴国、瑞金、宁都以及福建的长汀、建宁……各地区共青团员和少先队员们,在各地团负责干部带领下,高举红旗,手拿梭镖、长枪,有秩序地向宁都集中,不到三个月工夫,就有一万多人加入少共国际师。"

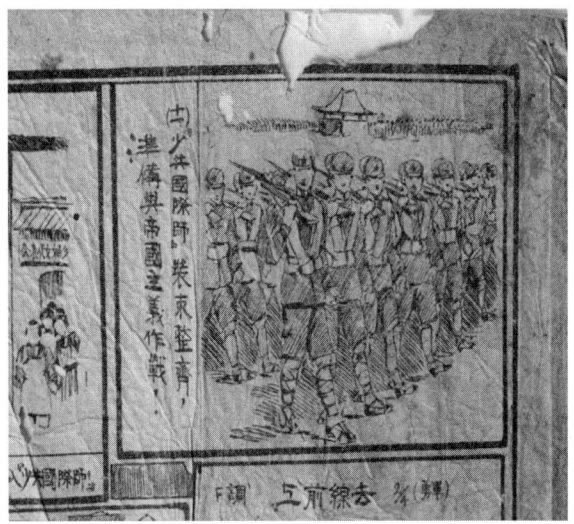

宣传少共国际师的意义　　　　　　少共国际师成立

少共国际师成立后，师长陈光和政委冯文彬率领年轻官兵们展开一个月的军政素质训练，并在成立地举行隆重出征誓师大会，随即奔赴前线。这个由"红小鬼"组成的部队，先后参加了闽北拿口战斗、黎川团村战斗、建宁邱家隘战斗，以及广昌保卫战、驿前防御战等，在这些连续战斗中，表现突出，英勇顽强打退了敌人进攻，出色地完成了一次次艰巨任务。

画报内容丰富，有很强的思想性，当中有动员群众"我们为要争取革命的全部胜利和本身的利益，只有战争胜利才能最后达到，我提议我们加入少共国际师去！"，有年迈父亲对儿子说"你加入少共国际师就是安慰了我呵！"，有母亲在回家途中鼓励儿子加入少共国际师"少共国际师你可以去参加，家里有你去参加是更加光荣啦！"，有年轻妻子对丈夫说"今天开妇女代表会我听到了要成立'少共国际师'啦，你也去参加吧！你能领导别人一同去参加我们将更光荣呵！"。

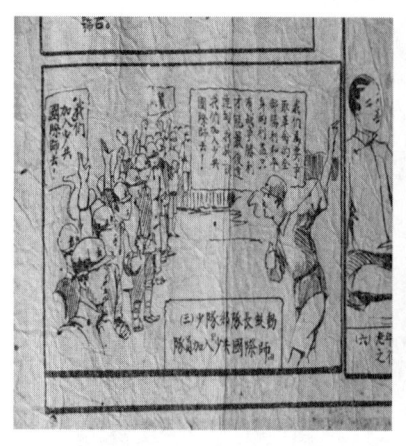

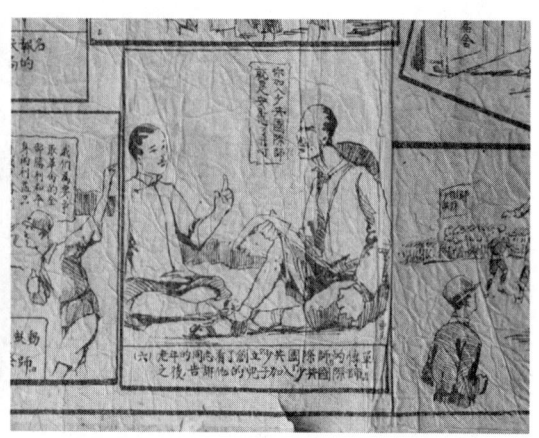

鼓励动员加入少共国际师　　　　　　父亲鼓励儿子加入少共国际师

妻子动员丈夫加入少共国际师　　　　仿苏联骑兵歌

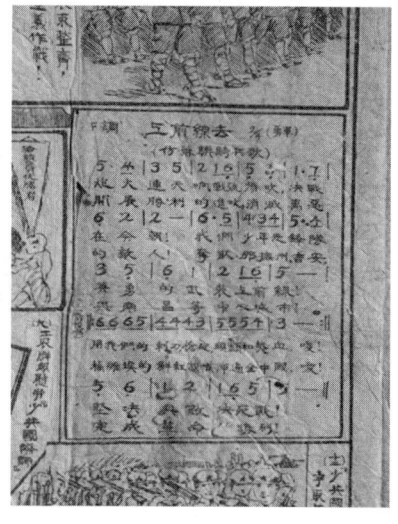

画报中还刊登有仿苏联骑兵歌《上前线去》，歌词写道："我们少年先锋队，英勇的武装上前线，用我们的刺刀、枪炮、头颅和热血，坚决与敌决死战。"这正是当年少共国际师战士不怕牺牲、英勇奋战的最真实写照。

1934年11月，少共国际师合力掩护主力军团渡过湘江。他们装备简单落后，用刺刀、手榴弹与敌人英勇战斗，用血肉之躯抵挡敌军狂轰滥炸，打退敌人进攻，血染湘江，为中央红军主力战略转移作出巨大贡献。

少共国际师从1933年8月5日成立，到1935年2月10日撤编，虽仅存一年半时间，但经受住了残酷战争的考验，为中国工农红军共同书写了辉煌篇章，为党和人民军队培养锻造了一批栋梁之材。

第二次国内革命战争时期，《红色中华》与《青年实话》都是中央苏区较有影响力的报刊。1931年7月1日诞生的《青年实话》，发行量超过28000份，是中央苏区第二大报纸。

（文：林晓春　图：建宁县中央苏区反"围剿"纪念馆）

33. 杨梅坳：大洋嶂山腰处的千年古村落

位于泰宁县城西北8公里主峰海拔1100多米的大洋嶂阴面山腰处的杨梅坳，因泰宁话"阳明"谐音"杨梅"而得名，古称阳明坳，又称扬名坳（坊），隶属杉城镇南溪村上坊自然村。据乾隆版《泰宁县志·舆地志》记载："大洋嶂峙立高耸，前有双峰。又有池，虽旱不竭。下有人迹石，高广丈余，上有巨人迹。"

杨梅坳处于国家级自然保护区，自然生态较好，常有野鸡、野猪、山羊等野生动物出没。2004年4月山脚下际头水库竣工，集雨面积21.5平方公里，总库容370万立方米，每年向泰宁全县提供720万立方米优质饮用水。

泰宁县政协文史委编撰的《泰宁姓氏》介绍：该村以李姓为主，为宋李纲后裔。杨梅坳《李氏族谱》曰：李纲年幼时，曾从邵武至际溪丹霞寺读书，在南溪村杨梅坳购置房屋，以停步歇马之用。李纲曾在南溪村娶官、范二氏为偏房（其原配为张氏），共生八子，分别为秀、望、集、仪、宗、润、茂、申，其中六个儿子居杨梅坳，子孙遍布全县，逐渐成为泰宁李氏中流砥柱。据不完全统计，全县13万人口中李氏近万人。

宋徽宗宣和元年（1119年），京师大水，李纲上疏要求朝廷注意内忧外患问题，被宋徽宗赵佶认为议论不合时宜，被贬福建沙县。相传泰宁丹霞寺住着一位名叫宗本的禅师（邵武人），佛学造诣颇深，李纲遂与之书信往来。宗本禅师的偈语灵验异常，赠李纲一偈曰："青共立，米兼皮，此时节，甚光辉。""青共立"合起来即"靖"字、"米兼皮"即"糠"字，后李纲果然于北宋靖康元年（1126年）官拜尚书右丞，就任亲征行营使，负责开封防御。李纲在担任太常少卿时，金兵败盟南下，他刺臂上书，请宋徽宗禅位。宋钦宗继位后，他坚持主战，反对迁都，迫使金兵后撤，成为一代抗金名将、名相。

《宋史》记载，宋代皇室南渡后，康王赵构（宋高宗）在南京应天府（今河南商丘）建立南宋。建炎元年（1127年），宋高宗一度起用李纲为尚书右仆射兼中书侍郎（右相），但仅仅在位75天，又因投降势力排斥而再次被贬。《泰宁县志》（乾隆版）云：宋建炎四年（1130年），李纲从贬所海南岛渡海回来，专程前往泰宁县丹霞寺隐居一年有余。隐居泰宁期间，完成易传内外篇撰写，并留下《瑞光岩丹霞禅院记》《冬至后日四修供罗汉岩因访丹霞本老成》等诗文。李纲于绍兴十年（1140年）病逝，追赠少师，后特赠陇西郡开国公，谥号"忠定"。后人为缅怀他抗金功绩，在丹霞岩内修建一座读书楼，清代闽臬司来谦鸣在楼侧岩壁上题写"李忠定读书台"。

李纲读书处

杨梅坳拥有光荣革命传统，彭德怀率领的红三军团曾在这里打过一场著名的以少胜多的阻击战——大洋嶂阻击战，指挥部就设在李氏宗祠内。

1934年3月24日，为阻止国民党南、北两路大军在泰宁新桥会合，红三军团四师十二团第二营和一支150余人的师部侦察队与国民党八十九师二百六十五旅的三个团约4000多人在大洋嶂展开一场大决战。红军战士为了不暴露行踪，穿过原始森林和峭壁，先于敌人占领制高点，并利用地势优势开展阻击。红四师参谋长兼副师长黄昉日亲临前沿阵地，指挥红军战士冒着敌人飞机、大炮的轰炸，数次打退敌人进攻，并在太阳下山时发动反攻，将敌人赶下大洋嶂，毙敌团长1人、营长4人，俘虏副团长以下官兵100余人，打死打伤士兵400余人，缴获轻重机枪10余挺、步枪200余支、子弹近10万发。在战斗中，壮族红军将领黄昉日不幸光荣牺牲，长眠于大洋嶂。

李氏宗祠（红军指挥部旧址）

大洋嶂战斗，红军以一个营的兵力与国民党265旅血战一天，胜利地完成了阻击任务。为表彰誓死守卫大洋嶂阵地的红军部队，在战斗结束次日，红三军团政委杨尚昆在大洋嶂西侧山麓的磜头村（今南溪村际头自然村）召开祝捷大会，亲自将一面写着"以少胜众，顽强防御模范红五连"13个大字的锦旗授予红三军团四师十二团二营五连。当时的"中华苏维埃共和国中央政府机关报"《红色中华》第169期曾报道过这次战役情况。红三军团政治部主任袁国平还在《火线上的一年》上发表评论，赞扬大洋嶂"这一伟大胜利，应该占着中国工农红军以少胜众战史上最光荣的一页"。1934年8月1日，在中国工农红军第二个建军节上，"中革军委"再次给大洋嶂阻击战的战斗英雄十二团团长谢嵩、总支书记苏振华，红五连连长吴占昌、指导员李杜清、班长张德见、侦察排长谢发生与龙德生、班长莫坤、侦查员吴德胜等人颁发了三等红星奖章，并授予红十二团侦察排"神鹰侦察排"锦旗。

1982年秋，邓克明将军重返大洋嶂战场，与村民亲切交谈

　　1949年以后，数位参加过大洋嶂阻击战的老红军战士或他们的后代曾重返杨梅坳。1978年10月，时任国家民政部副部长张凯来泰宁视察，重游了他当年战斗过的大洋嶂战场。1982年秋，时任福州军区副司令员邓克明也重访了大洋嶂战场，并与杨梅坳村民深入交谈。2009年5月，原红四师参谋长兼副师长黄昉日后代到杨梅坳寻找亲人墓地。2021年8月，以大洋嶂阻击战为题材的《神鹰侦察排》在中央电视台国防军事频道《战旗》节目播出，详细介绍了大洋嶂阻击战战斗情况。9月，广西卫视《我们的父辈先烈》节目着重介绍在大洋嶂阻击战牺牲的广西籍少数民族红军将领黄昉日的英雄事迹。

（文/图：吕谋文）

34. 朱子游学大罗岩

　　明万历版《大田县志》记载："大罗岩寺，址在三十都"，即今大田县湖美乡高才村。清康熙版《大田县志》曰："朱文公尝游此，今有寺。"清代大田知县叶振甲赋诗云："洙泗辍弦诵，微言等飞蓬。礼乐几崩坏，白眼羞章缝。伟哉朱夫子，奋起东海东。沧州承圣学，羽翼多宗工。斯文赖不坠，如日升天中。鸿荒成再辟，千载钦鼓钟。瞻望九峰山，一片青濛濛。丹溪降神地，俎豆亲徽风。游息传大罗，灵爽尚可通。无巅不峻极，无水不朝宗。巾履若翛然，禅房共赞公。仪型深向往，归骑嗟匆匆。白云深复深，矫首思无穷。"

大罗岩寺清代匾额

宋绍兴二十七年（1157年）农历十月，28岁的朱熹在同安县等候来接他主簿之职的继任者，但对方没有按时到任，朱熹以任期4年满为由罢归。在北归崇安县时，由安溪入尤溪，夜宿大罗寺。当时大田未置县，直至明嘉靖十四年（1535年）朝廷划延平府、泉州府、漳州府尤溪、永安、德化、漳平等四县边沿地，乃建县，今湖美乡高才村和大田县内大部分区域，时属尤溪管辖。朱熹从泉州府同安县启程回闽北崇安县，特地路过出生地尤溪，途中驻留大罗岩寺。于是，便有叶振甲纪念诗文载入地方志。

叶振甲，顺天籍慈溪人，为举人、文林郎。康熙二十一年（1682年）到任，康熙二十四年四月主持编撰大田县第三部县志，"三十年（1691年）升工部主事，有传"。

此前，明代大田人叶其蓁亦留诗："先贤昔日此迟留，水转山回景自幽。愿辟大罗方丈地，重开书院署沧洲。""吾道南来未寂寥，六经大义炳云霄。后儒欲识皈心处，一瓣香先岩下烧。"

大罗岩寺古钟

民国版《大田县志·流寓传》曰："朱松，号韦斋。政和间，由上舍生任政和尉。丁父艰，去。再补尤溪尉，满任不归，僦进士郑乾道馆以居。又筑一室，读书谈道，即今南溪书院。子熹，主簿同安，访李愿中于延平，往来此地，常宿大罗寺。"

大儒朱熹是理学集大成者。宋建炎四年（1130年）九月十五日，生于尤溪，绍兴中第进士，授同安主簿，其"徒步来延平，从李侗游，尽传河洛之学"。

明代学博林虎榜《记》云："诸生有以大罗岩告者，曰：'紫阳朱夫子所信宿处也。'紫阳主簿同安，来访愿中李先生，风雨所阻，借栖此地，爱其山水之佳丽，嗣是往来憩焉。世所传'寒竹风松'四大字，于此岩书之也。……信乎君子所过者化也！虽然，我朱夫子之守漳也，题于开元寺曰：'五百年后逃墨归儒。'""学博"乃学官泛称。唐制，府郡置经学、博士各一人，掌以五经教授学生。林虎榜又云："初，前守赵公汝谠于寺上建芝山书院，为诸生讲学行礼之地。顾此大罗岩，亦不必火其书、庐其居，第就中设一社学，择黉序内有学行者主其席，想亦朱夫子当年所心期也！则君子所存者神又如此。是为记。"

大罗岩寺明代建有芝山书院，创建者赵汝谠为漳州知府。他辟岩寺为书院，供"诸生讲学行礼"，且在书院中设社学一所，请"有学行者主其席"，教授理学，传道释疑解惑。

大罗岩芝山书院遗址

自童年离开尤溪后，朱熹一生多次回尤溪，其中，3次经过大田。首次回尤溪在宋绍兴二十六年（1156年），时朱熹年27岁，同安主簿任期满，北上回崇安，选择同安、泉州、安溪、大田、尤溪、南剑、建州、建阳、崇安路线。第二年春，朱熹回同安候接任者。十月，再次启程回崇安，抄近路第二次到尤溪，夜宿大罗寺。朱熹最后一次回尤溪经过大田时，是在淳熙十一年（1184年）至十二年间，他取道永春。他对大田魁城连玠宗一门三进士为尤溪邑学明伦堂科甲匾额之首，以及连正臣故里早有耳闻。其间，他逆水上文江，过花桥，来到魁城，留下"诵诗知国政，读易见天心"一副对联，匾额"梅竹"。

明成化二十一年（1485年）莆田人黄仲昭编撰的《八闽通志》，在卷之四十三《公署·郡县》"延平府·文职公署"条目中记曰：（尤溪县）高才坂巡检司在县西二十都（应为三十都），元时建。国朝（明）洪武四年（1371年），巡检王有成重建。正统十三年（1448年）毁于寇，惟鼓楼仅存。

大田县在明嘉靖十四年（1535年）建县前，境内就有古道。明清时期"从陆者五：东抵尤溪，东北抵沙县至延平府，西北抵永安，由水路抵延平，西抵漳平达漳州，南抵德化达兴泉"，"从水者一，下通尤溪至省城，上达延平府"。

民国十七年（1928年），"大田河道下通尤溪二百余里，距省城七百余里"。均溪航道在境内全程约40公里，从县城镇东桥起，经昆山、高才进入尤溪县街面，达尤溪县城。明嘉靖二十一年（1542年）冬，知县谢廷训"捐俸资，率民疏导凿石决堤"。嘉靖二十四年开始通行小船，渡口码头有大截（大集）、仙丰、溪仔坂、桃洲、汶口、沧州等。高才渡位于湖美乡高才村，是村中耕作及通县城必经渡口。

民国版《大田县志·山川志》载:"大罗岩,在三十都。朱文公尝游此,今有寺。"并录有朱熹诗二首,在县志里无标题。诗曰:"触目风光不易裁,此间何似舞雩台。病躯若得长无事,春福成时岁一来。"又云:"巾屦翛然一钵囊,何妨且住赞公房。却嫌宴坐观心处,不奈檐花抵死香。"此实为误传,该诗在《八闽通志》八十三卷《词翰·题咏》中有收录。"《题西林院壁》朱文公……不奈檐花抵死香(自注:檐前有柚花)。"《八闽通志》记:"西林寺在(延平)府城东,五代梁建。宋朱文公谒李延平受学,尝寓于此。今废。"在西林院,朱熹还写过《题西林可师达观轩》:"窈窕云房深复深,层轩俄此快登临。卷帘一目遥山碧,底是高人达观心。"用西林旧韵二首:"一自篮舆去不回,故山空锁旧池台。伤心触目经行处,几度亲陪杖屦来。""上疏归来空皂囊,未妨随意宿僧房。旧题岁月那堪数,惭愧平生一瓣香。"

朱熹《再题并序》详曰:"绍兴庚辰(1160年)冬,予来谒陇西先生,退而寓于西林院惟可师之舍,以朝夕往来受教焉。阅数月而后去。……壬午(1162年)春,复拜先生于建安而从以来,又舍于此者几月,师不予厌也。且欲书其本末置壁间,因取旧诗读之,则岁月逝矣,而予心之所至者,未尺寸进焉,为之三叹自废。……可师尝游诸方,问佛法大意,未倦而归,尚有以识予意也。'古寺重来感慨深,小轩仍是旧窥临。向来妙处今遗恨,万古长空一片心。'"

朱熹几经大田到尤溪、崇安,把理学留在了大罗岩寺、魁城等地,激励着一代又一代大田人,心香万古。

(文:林生钟　图:温欣孝)

35. 仙境东佳

东佳，明清时叫东佳山村，此前俗称苍尾山村。处大田东北部、奇韬镇东南面，与尤溪高士、坎里村接壤。清道光六年（1826年）《郑氏族谱》载："四十六都，丰城乡迳田里玉楼保东佳山，尤仅百里，田邑一百二十里。"全村面积约16平方公里，村中心海拔710米，山清水秀，人杰地灵，崇文重教，人才辈出。

东佳村山形实景一瞥

蒹葭骨架葫芦貌

东佳村山形水势奇绝，由海拔千米"父母山"春风岭顶派生"四仑崎夹三坑溪"：火围仑崎、蒋坑溪、苍尾仑崎、苍尾坑溪、顶头仑崎、溪柄坑溪、文笔峰仑崎，形似蒹葭骨架，葫芦藤蔓绵延，"籽粒"繁多，"果实"累累，寓意福禄、护禄，子孙繁盛、福寿绵长。东佳《张氏族谱》载："寂静之区，虽乡曲之，非大都，而山川之秀丽，里巷之窈深……""亦有其泉，且土肥，草木繁茂，山可采，水可钓，为地利之所存""美丽之桃源"。古诗云："葫芦藤绕蒹葭架，棋布星罗宝穴怀。五岳三春浮瑞彩，贤人福气得东佳。"2017年今人锥园老叟访东佳时，亦留有"亘古山河碧玉瓜，人间仙境数东佳"诗句。

明永乐年间（约1420年），北宋金紫光禄大夫郑璋第十九世孙郑贞大到东佳下坋耕田，黄昏时耕牛劳累，就着新坑草丛席地而卧，如何赶也不起来，他只好陪牛过夜。睡梦中有一着长衫老者托梦以告："此乃福地，值供奉一炉香火。"未曾想天亮时耕牛产下双胞胎，他极为欣喜，就此肇基，兴建新坑堂，迄今繁衍600年，传23代。此前，村里有蒋、陈等姓人家居住。随后蒋人外迁，不知去向；陈人仅剩一对母女。明崇祯年间，北宋思想家张载第二十六世孙张阿二（伯纪公）携子孙从归化至此，其孙张守智为陈家母女修编谷席，与姑娘结为秦晋之好，并在此兴建后楼堂（百忍堂），已繁衍16代。

郑、张两族扎根东佳，开枝散叶，繁衍四方。《郑氏族谱》载：八世奇才公开基三十七都万湖保，其弟奇章公开基建宁府建阳县；九世阿康公，于尤邑廿三都开基。民国尤其是改革开放后，有更多郑、张族人迁徙省内及北京、上海、广东，有的还远迁美国、日本等地。

书院书馆书声扬

东佳人历来重视耕读传家，崇文重教。600年前，蒋、陈先人就在龙龟堂前左侧建有书院。龙龟堂是一栋杉木建筑，分上下堂。上堂中间有一个四十多平方米供奉菩萨的大厅,左右两边各有一间禅房,从大厅前台阶往下走,有个几十平方米的天井埕,左边即是书院。下堂建有上下二楼,下楼过路,上层是戏台。黑瓦盖栋,燕翅飞檐,缠龙绕凤;柱桷花鸟鱼龙,精工雕刻,栩栩如生,十分精致。

清以后,铁厂坵岭下建起书馆,并得名"书馆岭"。书院书馆聘先生授课,以"四书五经"及《三字经》《百家姓》《千字文》等为教材,做到"德智双育并举"。嘉庆乙亥年(1815年)岁贡、黉门老宿胡国玙,道光己酉年(1849年)贡生、守拙园书院院长郑云等一批鸿儒,前来讲学与研学交流。民国书馆改小学,20世纪破"四旧"中书院、龙龟堂、戏台等没能幸存,九十年代在书馆原地建起了钢混教学楼。

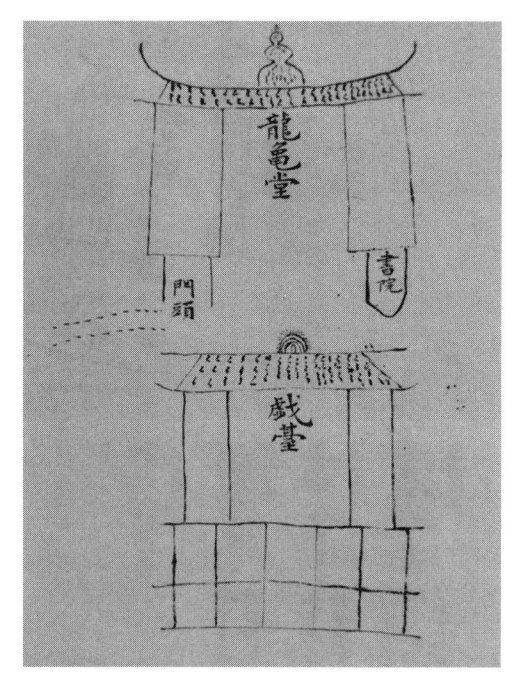

书院、戏台及龙龟堂,引自清代《郑氏族谱》

独特称号"高知村"

"东日丹霞升碧海,佳山秀水出英才。"截至目前,东佳出了11位博士,23位硕士,200多名大学生,25位拥有高级专业技术职称(正高5人),其中14人入选《三明市志》(1993—2005)、《大田县志》(1993—2008)"人物传"栏目。先后出过两位全县高考状元(1990年之前)、一对夫妻博士、一对夫妻教授、一对兄弟硕士、一对兄妹硕士、一对姐弟硕士,全县首位女注册会计师、首位复旦大学生等。因此,福建日报以《戴云山麓"高知村"》、三明日报以《东佳,闽中的"高知村"》为题予以报道,新华网、央视网、中国红

2007年2月27日，福建日报"视点调查"版左头条

色旅游网、中国文化传播网、新浪网、搜狐网、网易、东南网、台海网、《海峡都市报》等，也纷纷报道这一独特教育现象。

东佳人既崇文重教，也习武健身。明崇祯年间，郑有生在大仑开基东昌堂，先后有5个儿子、11个孙子、14个曾孙，个个习武，相传一堂18壮汉，名振十里八乡。东佳人好鹤拳，有七步拳、九步双箭拳、十一步双箭拳、狗摇水拳等套路，讲究气沉丹田，刚柔相济。民国张汝钞（1907年生）、郑长鈖（1908年生），穿林越堑，参加全县民间比武大赛，都名列前茅。

"五龙拜虎"高楼堂

高楼堂为清嘉庆丙辰元年（1796年）进士、翰林院检讨郑梦凤宗祠，该堂依倚虎形山，左、中、右前方五龙朝拜，谓之"五龙拜虎"之宝地。堂下有时思堂（早于高楼堂），始建于明永乐年间，两堂几度毁建，历经岁月沧桑。据记载："清康熙丁巳年（1677年）八月廿五夜失火后，文祐公架赔众边。清光绪己亥年（1899年），众邀和议，裔孙进功董事，协同一族人等再架高楼堂。"新建高楼堂四扇一厅，厅头中间精工细雕，缠龙绕凤的金色花边供桌上陈列着一块漆黑金字祖先牌和一个大香炉。厅头及左右两边一楦以上壁拱挂满了缠龙绕凤大匾额，还有众多字迹工整的破旧捷报。时思堂，八扇一厅，左边大扶屋重重叠叠，面前天井两边各有两间大厢房，黑瓦盖栋，龙腾凤舞，壁画如生，堪称一绝。高楼堂与时思堂间，两边挂翅双截大楼梯，将上下两堂相连。双堂叠秀，与对面笔架山相望，面前池塘鱼虾嬉戏，明月碧水倒映生辉，美不胜收。"文革"时上下两堂被毁，1984年复建，但下堂为钢筋混凝土结构，上堂为简化木结构建筑。2021年1月30日始设人才馆，有前言、简介、百字规、地理位置、题诗、清代科第仕宦、现代知识分子、历史人物、社会影响、支持名录、展望等栏目，以激励后人不断奋进，后浪推前浪。

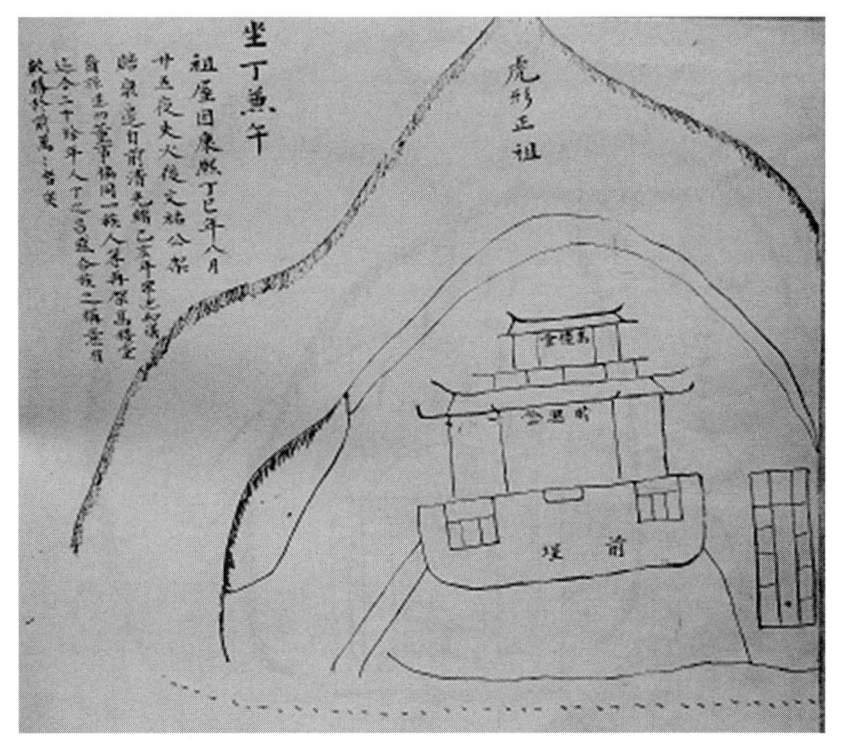

明永乐年间高楼堂，1677年失火，引自清代《郑氏族谱》

2013年重修的后楼堂（百忍堂）

后楼堂，为张氏始祖张阿二（伯纪公）于崇祯年间从归化迁入大田县四十六都玉楼保（东佳村）时所兴建，又名百忍堂，迄今三百余载。20世纪60年代破"四旧"时被拆，80年代重建，2013年重修。据悉，张氏家族清代出过4位秀才（生员），其中一对"父子秀才"；恢复高考以来，已有4位博士、8位硕士，近百位大学生，其中1对为姐弟硕士。

红军革命实践地

东佳村，还是红九军团和北上抗日先遣队重要革命地，是寻淮洲、乐少华、粟裕、罗炳辉、蔡树藩、黄火青等将领革命的重要实践地。

1934年夏天，红九军团和北上抗日先遣队东征期间，往返东佳，曾把高楼堂、时思堂当作临时指挥部，并在此进行军队休整、军事部署。在福昌堂、南阳堂、东阳堂等民房烧火煮饭，每一栋房子墙壁上都写满了红军宣传标语，而红军所走过的东佳村尾林间布满青苔的小路、河边小径、石铺山坡路、书馆岭、庵岭、上坑头岭、大路口、春风岭顶、漈头岭，如今已成"红军路"。

红军到来影响深远，激发本地青年投身革命。张明成了大田县独立营二连战士，1950年9月在早兴剿匪过程中不幸被匪伏击牺牲。郑玉光于厦门大学毕业后就加入革命队伍，成为空军工程部一员，还参加了抗美援朝美军飞机残骸解剖研究工作。

星罗棋布景优美

东佳自然景观优美，人文景观厚重。自然风光：文笔峰"锋"、马鼻岭"雄"、春风岭"秀"、象鼻岭"峭"、石马崎"峻"、石马岩"神"、双乳峰"奇"、大峡谷"深"、红军路"陡"。此外，"千山碧浪""林涛竹影""云海奇观""梯田美景""瓜果飘香""百年树林""森林人家"等景观，亦各具特色。人文景观：翰林第、郑家寨、张家寨、结火仑顶飞机导航塔遗址和清代古民居、传统压榨楂油厂、民主庙、山鹰牌东佳粉笔厂旧址等文物古迹、旧址，还有唐音方言、民间汉剧等非物质文化遗产。

附清守拙园书院院长诗两首。

文笔南辉

[清]　郑云

可是东南第一峰，露华如洗笔如锋。
写来雁字秋成幅，洒遍云笺雨正浓。
豹变山中斑自见，兔藏穴底影留踪。
有时花鸟春三月，拟作金泥紫诏封。

马 鼻 岭

[清]　郑云

岭挂半天名马鼻，路通九曲拟羊肠。
孤峰直耸无人处，隔断田尤两邑乡。

清朝古民居

东佳晚霞

（文：郑祥渊　图：王新泉、仙峰）

36. 俞邦宋代三俞

人称"沙县小吃第一村"的夏茂俞邦村，是改革开放后沙县最早外出做小吃的村庄。2021年3月23日，习近平总书记在考察沙县夏茂镇俞邦村时强调："沙县人走南闯北，把沙县小吃打造成了富民特色产业。乡村要振兴，因地制宜选择富民产业是关键。要抓住机遇、开阔眼界，适应市场需求，继续探索创新，在创造美好生活新征程上再领风骚。"

俞邦村以俞姓为主，俞氏系出黄帝之臣俞跗氏，注《素问》，后世医道宗之。《沙阳翔鸾坊俞氏族谱·开俞屯始祖朝凤公传》曰："朝凤公，即祖八公，号望苍，生于光州（今河南）固始县，身长九尺，腰大过围，胸藏韬略，因从事于军伍得职，后奉来征闽地之寇，与赵将军左右营因焉，当时有朱三眼者为前部，后赵身故，公乃为之上书，言其寇平身殁，遂受敕封，公自亦功成不仕，长揖归山，遂寓居于汀群，复移居于沙阳，见翔鸾积善之乡，土地膏腴，兴创始于山干之地，因姓而得俞屯本之名焉，皆以公为始祖也。"宋时，沙阳翔鸾乡隶属南剑州，俞屯即今沙县夏茂镇儒元村。

俞 括

俞括，出生时年不详。其博学能文，敏于从政，生性恬淡，为官清廉，善待百姓，崇尚教育，颇有声名，与苏东坡为生前挚友。宋绍圣前（约1093年）以奉议郎（苏轼《虔州崇庆禅院新经藏记》称其为承议郎）任虔州（今江西赣州）通判，绍圣二年（1095年）春，任职满，返程回乡，意欲从事教育，经江西庐陵（今江西吉安）时，病卒半道。虔州官员和百姓听闻后，悲伤不已，哭声遍地，苏轼闻此噩耗亦心痛不已、痛哭流涕。

据1992年版《沙县志·人物表》记载："俞括，宋熙宁六年（1073年）余中榜进士。"明嘉靖《延平府志·卷一四》亦曰："俞括，字资深，沙县人，神宗熙宁六年（1073年）进士。"俞括与苏东坡交往甚密，在《苏轼全集·答虔倅俞括奉议书》里，二人有诗文往来。

"倅"乃"副"之意，虔倅即虔州副行政长官；奉议，乃奉议郎，文散官名。据《沙阳翔鸾坊俞氏族谱》之《重修括肇两公墓》记载："俞括公，北宋神宗熙宁六年官居朝靖大夫"。《中国人名大辞典》亦记有"绍圣中以承议郎判虔州"。可见，宋绍圣前俞括以奉议郎或承议郎身份擢升虔州通判。通判为州府副行政长官，职位仅次于知州（太守）。

在《苏轼全集·虔州崇庆禅院新经藏记》里，也可以找到苏轼与俞括交往的文字。曰："始吾南迁，过虔州，与通守承议郎俞君括游。"

俞 敷

俞敷，俞括三子，宋建炎二年（1128年）戊申岁李易榜进士，官居府尹。重情重义、嗜学如命，且好清静，性情稳重，族谱称其"重义嗜学，为官清廉,一岁两迁"。

一日,俞敷至沙阳丛桂坊了斋书院参加"文友诗文会赛",午间见陈了翁(陈瓘)与家人会食,看到陈家男女分席而坐,席间由一位年长者挑一话头,让家里读书人作答。有人提问:"与人并排坐同,为何不能把大腿横架板凳上?"了翁(陈瓘)7岁孙女抢答道:"这样怕是会妨害(打扰)同坐的人。"对此,俞敷深有感触,将此见闻告诉侄儿俞肇(年幼性直,有侠气,常打抱不平),并开导说:"你知道探花公[陈瓘于元丰二年(1079年)中时彦榜甲科第三名探花]孙女几岁?今年才7岁呀。为何小小年纪就如此知书达理?"俞肇与之年纪相仿,两相比较,俞肇内心引起很大震动。接着俞敷教导说:"君不闻,圣人曰里仁为美(出自《论语·里仁》),正所谓德不孤,必有邻。孔子又云,君子喻于义,小人喻于利(《论语·里仁》),难道你就不想与人和善,不去效仿君子,而要做小人乎?"小俞肇听后,备受启发,心性从此改变。

俞 肇

俞括长孙,即括之长子君玉长子,貤封三代公,奉钦赐敕赠尚书。相传,俞母王氏梦见"电光火石,流星急纵,飞坠东山,入林而隐,白烟突起",一位老者引其出门向东,行数百米至一山林前,凭空掷笔曰:"开!"声落处地裂水涌,腾起一"龙角虎身者"向俞王氏俯身行礼,潜行遁迹,隐水畔绿樟而没……寅时,俞王氏梦醒后便腹痛阵阵,孩子呱呱坠地,雨雪初霁,旭日东升,可谓好兆之始,俞家欣喜,应景取名"肇",单字为名,俞肇是也。

俞肇幼而敏,过目能诵,于沙阳城郊豫章书院上学时,与贫寒学子、乡村牧童友善,有"侠肝义胆"之称。平时手不释卷、苦读精思,不到两年,《周礼》《礼记》《论语》《孟子》等俱已熟读,还广泛涉猎《难经》《素问》《本草》等,且吟诗作赋、下笔成文,常与先生评点经史、畅谈古今,不拘前人评注,自持个人独见。宋绍兴十八年(1148年)58岁俞肇荣登戊辰科王佐榜进士,不久擢升祭酒,于短短14年(1148—1162年)间,由翰林院选试拔为户部尚书。俞肇年长朱熹,但与朱熹同科,他赏识朱熹,多次祝贺"年少及第"，并夸朱熹是"青年才俊"。

俞肇为人正直，敢谏诤言。《沙阳翔鸾坊俞氏族谱》言其自小"读书羡史鱼，读史嘉汲黯"，始终保持"远小人，亲君子"言行，甚至将"看不惯之人"私下列份名单。绍兴二十四年（1154年），魏师逊"少忏桧意"，身为御史董德元弹劾其"怀奸嗜利，不恤国事"，使魏落职。俞肇与魏师逊"同年"，仗义执言，但想不到魏毫不领情，俞肇懊恼不已。绍兴二十五年（1155年）十月，秦桧病危，董德元、曹泳等欲举秦桧义子秦僖为相，俞肇暗中联合几位朝廷官员，意欲冒死直谏，幸为高宗所止。

绍兴三十二年（1162年）春，宋高宗赵构召集大臣议事，俞肇以一贯秉持"抗金贼，反和议"主张的胡铨"久将忠义私心许，要使奸雄怯胆寒"为由举荐之，并建议迎回仍囚禁金国的宋钦宗。宋高宗对此暴跳如雷，大喝道："狂悖之言，杀无赦。"俞肇因直谏而触犯天颜，致有东西之殃（授首），终年七十有二。后高宗幡然省悟，敕赠御葬三十六道，旌表其忠；多次颁发文告，敕南剑州沙阳督建"纪念俞肇御苑"；派钦差大臣到翔鸾乡俞屯（今夏茂镇儒元村）督建三竖一横样式石板街道，名曰"京街"；在其祖屋附近街道路口督建一座门牌楼，御赐手书"世杰英"横匾，以恢复俞肇名誉。后人有诗赞曰："名标青史到于今，取义成仁是可钦。宋室名贤堪比立，遗风谱写入丹青。"

《沙阳茂溪俞氏族谱》载：宋乾道二年（1166年）五月，孝宗皇帝追颁诏曰："忠臣俞肇公未受生前之奖，宜沾身后之荣，慰君灵于九泉，流忠贞于万代，特赐匾额悬竖宇堂，以昭忠烈之化，庶彰盛世之隆，钦此钦遵，亿世尊崇，颁赐俞公后裔，永远照圣旨祀典，勿致轻易懈矣。"遵照圣旨，俞肇儿子在十六都大布村建造慈荫庵（俞氏祖祠），分上下两座，宇堂厅头悬一匾额，上书"奉旨祀典"，供有祀授括公、君玉公、德敷公、肇公禄位牌，并置官田，以给养管理香灯者。

俞肇生有三子，长子定邦性韧，仍居俞屯故乡管理祖业，其后裔分迁十七都俞邦村等地；次子定祥因深痛父之忠而被杀，遂削发隐居做和尚；三子定祯迁居顺昌天湖甲头，耕读终生。

（文/图：罗榕华）

37. 战时永安改进出版社

没有硝烟的抗战文化阵地

1938年5月,东南沿海遭日寇铁蹄蹂躏,福建省政府从福州内迁,永安作为战时省会达七年半(1938年5月—1945年10月)之久,即便深居闽中内陆,抗战期间,仍遭受日机19次无差别轰炸。其间,羊枣、黎烈文、王亚南、邵荃麟等一批文人学者,以笔为枪,在全国范围内发出团结抗战声音,开展了一场轰轰烈烈的抗战文化活动。尤其是在物质条件极为困难的山城中,出版发行了大量影响广泛且深远的进步报纸、期刊和书籍。

1939年初,在省政府主席陈仪主持下,由福建省政府参议、中国现代著名作家、翻译家、教育家黎烈文组建成立改进出版社,并任社长兼编辑部主任。社址先设在永安北门抚沟街,为避免日机轰炸,将编辑部和印刷所转移至永安北郊虾蛤村(今霞鹤村),3年后迁至城内抚沟街,直到1945年底迁回福州。

改进出版社先后创办或接办了《改进》《现代文艺》《现代青年》和《现代儿童》月刊,以及《战时民众》《战时木刻》等。还出版"改进文库""现代文艺丛刊""世界大思想家丛书""世界名著译丛"等大视野丛书和单行本百余种,发行社内外图书杂志41.58万册,一方面积极宣传抗战,一方面传播新思想。在黎烈文与王西彦、邵荃麟等共同努力下,改进出版社逐步成为"一个推动内地文化的据点,进而对全省乃至全国文化界有贡献"的著名出版社。

创办三个期刊

《改进》月刊，1939年4月1日创刊于永安。始为半月刊，1941年5月改月刊，到1946年7月25日出至第13卷第4期终刊，是一份集政治、经济、社会、教育、文艺为一体的综合性刊物。当时永安交通困难，文化落后，物资匮乏，想办这样一个大型综合性刊物十分困难，但黎烈文决心使《改进》内容"对抗战和建国两重工作都能有些许贡献"。他以鲁迅"推重车上峻坡"精神，以"涸辙之鲋，相濡以沫"诚意，呼吁文化界给予竭力支持。因此《改进》杂志撰稿人多为有名望的进步学者、作家、记者，其中有郭沫若、朱自清、马寅初、臧克家、老舍、王亚南、羊枣、石西民、范长江、邵荃麟、巴金等。

《现代文艺》月刊，1940年4月创刊，共出版33期，1942年12月停刊。由王西彦、章靳以先后任主编。黎烈文作《发刊词》说："抗战后，很多人在

《改进》创刊号、《现代文艺》特大号封面

喊着文人下乡与文化到内地去，不过却依然局限于少数大都市，如重庆、桂林、香港、上海，很少有人想到在东南前线尚有一片如此广阔的天地！……我们抱着'雪里送炭'的苦心，想以微薄的力量，尽可能地补救于万一。"该刊始终得到邵荃麟鼎力支持，最初几期稿件多由邵荃麟组织，从浙江寄来。它是改进出版社战斗性最强、艺术性较高的刊物，发行量高达一万份，为当时发行量较大刊物之一。

《战时木刻》画报：1939年底，著名进步画家萨一佛转赴永安改进出版社工作。次年2月，创办了《战时木刻》画报，并任主编。该画报是改进出版社颇具特色的通俗画刊，初始为半月刊，后改月刊，以木刻为主，刊有故事画、漫画、连环画、木刻画等。作品以抗战为主要题材，通俗形象，画面生动活泼，成为永安进步文化书刊中别具风采的文艺轻骑兵。

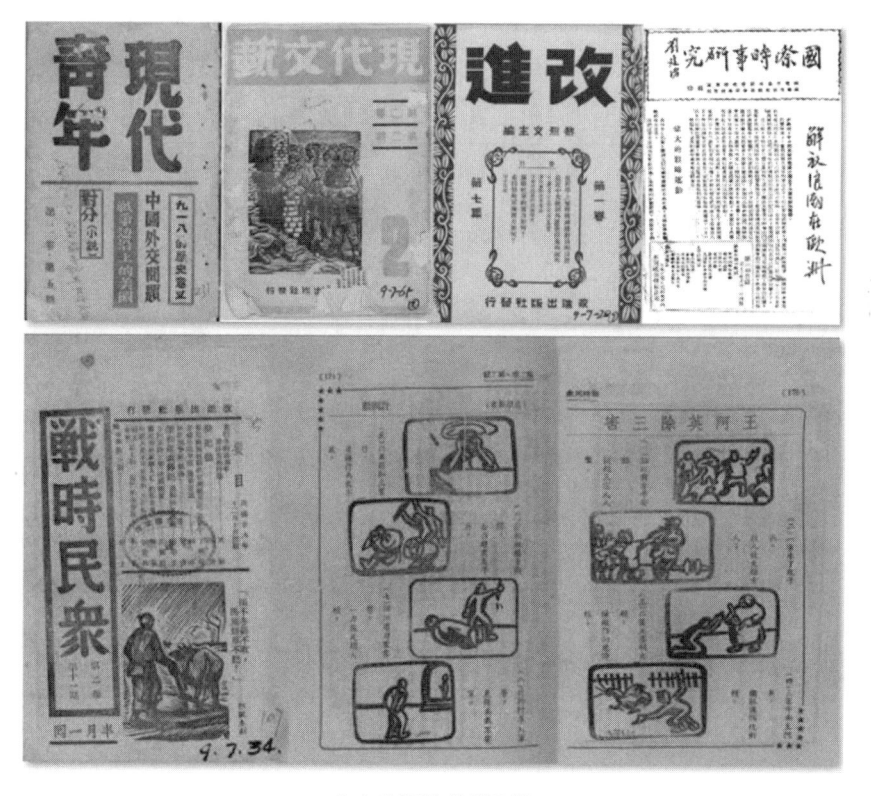

永安出版的抗战刊物

编辑部旧址

虾蛤村内黄氏宗祠即为改进出版社编辑部躲避日机轰炸的隐蔽据点,并作为工作人员办公地点和住所。王西彦、邵荃麟、葛琴、卢茅居、张文郁、萨一佛等进步文化人士,曾在这里工作、居住过。

1940年夏,中共东南局文委负责人邵荃麟和作家葛琴夫妇因遭到敌人通缉,辗转来到永安,经黎烈文出面保荐,并得到国民党福建省政府主席陈仪特准,安排在改进出版社任《改进》半月刊编辑,并指导、协助王西彦编辑《现代文艺》月刊和《现代文艺丛刊》。

邵荃麟是中国文艺理论家、现代文学评论家、作家。抗日战争爆发后,他为《现代文艺》《现代青年》《改进》《抗战戏剧》等刊物撰写文章,创作了四幕话剧《麒麟寨》等,宣传抗日,反对投降。1938年8月16日,邵荃麟小说《客人》发表于《改进》第一卷九、十期合刊。

黄氏宗祠

据裴耀松《虾蛤村与改进出版社抒怀》一文介绍，"参照20余年前曾任《现代文艺》主编的王西彦先生回忆描述，现场对照：大厅是编辑部阅览室兼饭厅；左右两间长条形房间分别为社长黎烈文和主编王西彦卧室兼办公室；台阶下两侧各一间平屋为编译人员住所兼工作室，大厅后面狭小而阴暗的小房间，校对人员挤在那里居住和办公。甚至连祠堂边小平屋也得到充分利用，为工友住处兼伙房。人去房在，梁柱依旧，他们在这里工作和生活条件十分艰苦，白天改稿、审稿、校对、编发，夜里便在玻璃罩美孚煤油灯下，倾注爱国热情，撰写或翻译文章。"

手工印刷机、出版物《麒麟寨》封面

据不完全统计，抗战时期永安前后有改进出版社、东南出版社等大小专业出版社近42家；有省政府编译室、教育厅编审委员会等20家编辑单位；有中央通讯社等4家新闻通讯机构；有印刷所19家、发行机构16家；编印、发行报纸12种，各类期刊120多种；出版800多种各类丛书、丛刊和专著，另有17家书店。这些读物，门类繁多，发行量大，内容涉及政治、经济、军事、文学、艺术、新闻、教育等各个领域，不少作品还出自名家手笔，在当年永安发表作品和出版专著的100多人中，有郭沫若、马寅初、郭大力、王亚南等。永安抗战文化成为东南各省的一面旗帜，为中国革命新闻事业做出了巨大贡献。

抗战文化出版纪念园

为保护传承抗战文化，霞鹤村以抗战时期改进出版社史料与文化出版题材为主题，修建了抗战文化出版纪念园。纪念园长约 50 米，有 5 道门 7 个分隔区，每个门洞设计成闪耀金星造型，紧挨黄氏宗祠，直通九龙溪畔，并连接起改进出版社编辑部和印刷所两处旧址；黄氏宗祠，修葺一新，作为永安抗战新闻与文化陈列馆对外开放；位于溪边公路旁仅剩一截爬满青藤的残垣断壁和一台从外地淘来的民国时期印刷机，向世人诉说着那一段烽火岁月里的抗战往事。

（文：林小妹、柯仁鹏　图：柯仁鹏、永安曹远镇党政办）

38. 从郑义斋馆舍到厚福荣昌堂

后曲村厚福的荣昌堂，是尤溪八字桥郑氏祖祠。据郑氏后裔郑清备先生介绍，荣昌堂，又称下西墘厝，始建于公元18世纪，由十八代裔孙世理建造。世理，字鸣皋，号馀千，生于公元1772年。

整栋房子分上下两堂，直24间，左右扶厝11间。上堂内正堂上，为郑氏先祖手书堂名——荣昌堂；上悬一匾额，曰"望孚昭誉"，乃清朝邑令所赐。荣昌堂建成后，近百年间，生育男丁近70人，涌现出子钦、子锳、昌济、昌添等六位文人，皆国子监太学生。清廷衙门为弘扬其崇文重教之功，特赐匾嘉奖。

下堂前后有四扇大门，门上用彩漆画有钟馗护神像；两边扶厝各有两扇

厚福荣昌堂

厅门，门上彩漆画门神，手持象牙笏板，作鞠躬状。内厝埕用方石筑基，上铺石板条；下厝埕筑石基，砌围墙；进下厝埕处，构建一座威武门庭，横梁上悬"翰林第"匾额，为先祖昌添公于清同治年间获封翰林院詹事府主簿职衔，朝廷所赐。

正堂上，厅堂内的隔栅、祀桌、门窗、梁柱均刻有花卉鸟兽图案，饰漆鎏金，活灵活现，色彩鲜艳，富丽堂皇，极为精湛。惜匾额、祀桌及各种雕刻图案，于"破四旧"及"文革"期间，被毁坏或焚烧。

因屡遭毁损，又兼年久失修，荣昌堂早已不复当年风光，但仍不失大户人家格局。走进堂中，尚能感受到一种来自历史深处的厚重与庄严，散发出浓郁的文化气息。随处可见的雕刻和壁画，精美绝伦，且寓意深刻，如：正脊壁画上，画的是"空中降蛇，地上迎凤"，寓意龙凤呈祥；在房子山花处，饰有精美月亮和梅花图案，象征纯洁、柔和，呈现着主人高远、纯净、坚强、谦虚品格。而挡溅墙上纹饰，更是丰富多彩，寓意深远，一组鼠和葡萄结合在一起的纹饰，表达了祈求多子多福的愿望；一对蝙蝠，展翅向下，寓意福从天降；一组兰花纹饰，则表达了主人高洁、清雅的君子品格。

在一面墙上，贴满了捷报和张榜文告，虽已脱落、字迹模糊，但却能从中感受到莘莘学子的勤奋与所取得的成就。尤其是"加十级纪录十次"一位官员的官绩捷报，榜文两旁仍清晰可见对联"气味如东西两晋，骨格入唐宋

对联与捷报

八家",字迹苍劲有力,联语自信大气。此外,大堂两侧楹联:"天地无私为善自然厚福,圣贤有教修身可以齐家""地近名山半亩苍苔草屋,庭无俗韵一门明月梅花""半窗图画梅花月,一枕波涛松树风",均表达了主人"植桂培兰"与"怀瑜握瑾"(横批)的高洁追求与人生格调。大门立有下马石和旗杆石。

郑氏先祖千六公,于元朝(约 1300 年)肇基厚福。由此上溯 200 多年,其先祖郑安道居住在尤溪水南马坑口。

郑安道,号义斋,宋熙宁六年(1073 年)进士,官至金紫光禄大夫。宋宣和五年(1123 年),朱子之父朱松由政和调任尤溪县尉,三年任满后,本欲辞归故里(徽州婺源,今属江西),却恰逢战乱,难以成行。好友郑安道伸出援手,腾出自己别墅(郑义斋馆舍)右边三间半房让其居住。四年后,宋高宗建炎四年(1130 年)九月十五日,朱熹在此诞生。安道先生赋诗二首祝贺,其一:"今宵汤饼会,满座桂香来。圆月飞金镜,流霞泛玉杯。渥洼元异种,丹穴岂凡胎。载路声闻彻,祥光烛上台。"(《朱乔年尉公举男往贺》)不想,安道先生的义举,不但成就了尤溪"朱子故里",同时也使尤溪文化更加辉耀永恒。正如义斋后人郑清备先生所言:"从此,郑义斋馆舍,乃至尤溪,使朱熹拥有了一份毕生难以舍却的故乡情;朱熹也让尤溪埋下了深厚的文化根基,开辟一方文风昌盛的净土。与文者为伍,与智者同行,会闯出不一样的天地。"

朱子居尤七年，留下了"朱子问天""沙洲画卦""二度桃花"等传说。成年后，又曾十二次回尤，多次重返郑氏馆舍，或拜会郑氏府邸，留下了许多优美诗篇和动人故事，馆舍也见证了朱子和尤溪的不解之缘。宋淳熙三年（1176年），朱熹还特意为郑氏家人题写了"立修齐志，读圣贤书"和"行仁义事，存忠孝心"两幅中堂板联，作为郑氏家庭教育庭范，感谢郑家当年的借寓之恩，褒扬其重然诺高士风骨，还为其书斋题写了四幅条屏："读书起家之本，勤俭治家之本，和顺齐家之本，循理保家之本。"

《尤溪县志》（民国版）云："尤自大儒笃生以来，士颇知学，户有诵，家有弦，彬彬然风雅是尚。"而他留给郑氏后代子孙的那一抹源自祖先血脉的道德优越感和文化自信力，同样深入骨髓，历经千年，挥之不去。南宋嘉熙元年（1237年），朱子离世37年后，郑义斋馆舍辟建南溪书院，宝祐元年（1253年）宋理宗御题"南溪书院"匾额，元至正年间中书省题颂"闽中尼山"匾额，又题褒"海滨邹鲁"。清康熙五十五年（1716年），杨毓建以延平通判署尤溪，重修南溪书院，建毓秀亭（朱子胎衣埋藏处），纂《南溪书院志》；清康熙皇帝御笔亲书"文山毓哲"匾额，颂赐书院悬挂。

从郑义斋馆舍到厚福荣昌堂，郑氏后人在近千年血脉传承和文脉接续中，

郑义斋馆舍（南溪书院）

总是忘不了先人与朱子的这一层亲密关系和特殊情缘，既为此而骄傲，也更加勤奋精进。

（文：蔡建境　图：郑清备、王长达、尤溪县社科联）

39. 永安龟山寺

永安，历史悠久，文化底蕴丰厚，是遐迩闻名的笋竹之乡。明万历甲午年（1594年）《永安县志》序："永安介在沙（县）、尤（溪），亦宋五贤游处之地。""人文科甲比美他邑，节概行谊彬然称盛。""贤者企仰流风，日进于贤而龟勉不已。"

龟山是由九龙溪、巴溪二水汇流而成的燕江北流时带来大量泥沙堆积而成的沙石小岛，四面环水。因形若龟背，相传能随潮升落、浮而不淹，有神龟之灵。岛上旧有庙祠，旧县志载："官巷观音阁，原刘公祠改建，乾隆五十八年（1793年）甲寅重修，道光五年（1825年）重修。"官巷，即今龟山公园。永安置县前就有一百来户姓官人家居此，故名官巷。洲中有"见山亭"一座，环植蕉竹，亭左为射圃，有地数亩，为考武生员之处，亦讲学、游息之所，邑诸生李骏有诗：

亭高山色入窗明，诗酒文章共发生。
种竹千竿留月影，栽蕉百本受风声。
科条教士严安定，湖海开樽散步兵。
数载程门惭立雪，南来吾道见宗盟。

"英烈王庙，在北门外，旧名龟山庙，高阜如龟，合抱樟木数根。"英烈庙是洲中主要庙宇，祀康、李、晏三英公。康公为康保裔，河南洛阳人。北宋抗辽名将，历官于高阳关，契丹入侵，包围高阳关，康保裔率军决战，因援军不至阵亡。宋宁宗追封为威济善利孚应英烈王。李指入闽平叛捐躯于浮流口（今永安县）的唐田公李肃。晏是晏公，姓晏名成，元朝初年临江府清

龟山寺建寺初期景观

江镇人（今江西省清江县），中进士后任文锦局堂长，供应官家锦衣绵帛。他刚正廉洁，爱民如子，死后被百姓供为神。永安市晏公街因晏公而得名。英烈庙内有戏台、厢房、阁楼，庙外古木芳草，碧流环岛。另在小岛西北（水尾）还有一座民主公庙，供奉永安城境主神。

龟山庙，建于明代中叶，庙址就在今龟山寺。万历年间重修，清代修葺。坐北朝南，砖木结构，呈长方形，门略似山字形，门楣嵌"龟山庙"三个阴刻黑字石匾，相传为明万历年间上坪人"工草书，酷嗜陈白沙书法，学之能得其神似，故号体白"的民间书法家陈体白（陈经世）题写，另有"中流砥柱"四字横匾。进入大门是庭院，六根石柱上刻有三副对联："寺临溪畔无多路，峰列门前倚远天""山中习静现朝觐，林下行香踏暮归""明月照来流水去，青山拥出白云楼"。

清末民初，有毁淫祠禁令，龟山庙改为"先贤书院"供奉宋儒杨时、罗从彦、李侗、朱熹四贤，后信众趁县令换任之机，恢复庙祀，加祀和合二仙，朝拜者日增，香火日旺。1933年6月，国民政府十九路军过境永安，倡导

建寺初期配殿厢房

"破除迷信",许多寺庙菩萨被毁,龟山庙菩萨亦被破除。抗日战争爆发,福建省会内迁永安,省农业改进社兽医事务所设于龟山庙内,另设有线广播电台在庙内开展抗战宣传活动。1949年以后,先后改作劳改队、养老院和收容所使用房,建筑原貌不变。后来前殿由园林管理处改造后使用,留下残缺破旧殿堂及厢房。

三宝金身重现,龟山开觉路;诸佛玉相复光,燕城启迷津。龟山庙历经劫难,终逢盛世,改革开放春风化雨,沛泽十方,福惠古庙。经三明市文物管理委员会认定龟山庙文物价值,1994年10月26日,永安市人民政府批准同意在龟山庙旧址上修建龟山寺,遂由莆田广化寺僧释觉华等筹资募款重建,至1995年底先后建起大雄宝殿、祖师殿、伽蓝殿、玉佛殿（观音阁）、钟鼓楼、客堂、斋堂、僧寮等,分别迎来"西方三圣"佛像三尊、玉质药师佛一尊、铜质地藏王一尊及吉祥与如意童子各一尊、韦驮和伽蓝菩萨各一尊；钟楼内安装了一口高1.13米、口径1.08米、重达1.15吨大铜钟。

西配殿

龟山寺山门朝南，穿过一段草木葱茏的林荫曲径，便是龟山公园音乐喷泉休闲广场。山门简朴，左右黄色围墙上分别写有"庄严国土，利乐有情"八个大字，庄重肃正。

2003年，新建天王殿，殿门朝向龟山公园休闲林地，砖混结构，重檐歇山顶，平脊两端饰鱼龙。橙红瓦黄墙，绘梁画栋，檐间悬蓝底金字横匾，上书"天王殿"，殿堂后面有"三洲感应"红底金字横匾。檐下有方、圆石柱，柱础造型各异，两根由霸下驮着的盘龙石柱立于六根廊柱中间；殿门石刻楹联"永安祯祥有慈云普护诸天欢喜；龟山净地看善信来朝法雨沾濡"。殿前置一尊兽头方形铁香炉、烛台，殿内天棚顶彩绘二龙戏珠，四周是飞天菩萨和朵朵莲花，装饰图案简洁明快。殿正中须弥座上供奉笑容可掬大肚弥勒佛，背面是一手叉腰、一手握金刚宝杵拄地的韦驮护法，面朝大雄宝殿。两侧彩塑东方持国、南方增长、西方广目、北方多闻"四大天王"法像，每尊高近3米，现为永安各寺庙之最。

穿过天王殿是一片宽阔院坪，正中安放一座三层六角悬挂十八只铜铃的祈福宝鼎，以及与天王殿前一样的铁香炉。庭院东庑是伽蓝殿，西庑为祖师殿。钟鼓楼、请香处、流通处、客堂、斋厨和禅房等分设于两翼。

2004年11月重建大雄宝殿时，出土了一方石匾，长178厘米、宽41厘米，上刻"英烈庙"，落款为"大清乾隆十五年（1750年）永安知县邵应龙"，后镶嵌在大雄宝殿左边台基上。

英烈庙古匾

大雄宝殿建在十五级台阶高台上，砖混结构，重檐歇山顶，高9.5米，建筑面积360平方米。大殿恢宏壮观，脊上饰宝葫芦，两边金龙相对，丹瓦飞檐翘角，彩枋绘梁，装饰图案富丽。两檐间悬挂一块"大雄宝殿"蓝底金字大匾。廊前有精雕细刻青石护栏。青石护栏台阶前端两旁立两只小石狮守护。大殿门前立6根粗大石廊柱，有楹联："龟山碧岫欣今朝梵刹重兴谈吐趣中皆合道；燕水金波喜此日法轮长转文辞妙处不离祥。"殿内竖立4根粗大石质金刚柱支撑屋顶，棚顶上彩绘飞天菩萨和莲花，四周有36幅佛教故事图。殿堂中神龛，为一尊重塑的释迦牟尼佛跏趺坐像，金光闪闪，妙像高3.8米，神态慈祥庄重，左右立佛祖协侍迦叶和阿难。殿堂两侧是十八罗汉金身坐像，各展法仪，形神如生，每尊高约1.5米。

大雄宝殿后新建观音阁，重檐歇山顶，两层楼阁，底层为主殿堂，祀观音大士等菩萨，上层为法堂、藏经阁等，阁前是花木园圃，占地600平方米。

2006年8月8日市长现场办公后，龟山寺规划用地重新划定为5401.9平方米，2007年开始对大雄宝殿两翼规划重建，历3年两翼建成80米长廊式二层楼庑殿，总建筑面积1814平方米。整体呈长方形，中轴线上立天王殿、大雄宝殿、观音阁，两翼为配殿。2003年5月一块高10余米、重120多吨来自永安西洋镇内炉村的"观音石"，移座龟山公园龟山寺前方林园，增添灵光宝气和净界庄严。

(文/图：李国梁)

40. 董其昌大田情缘

"迢递长征路，彷徨欲曙天。最怜清素影，扑落马蹄前。"此乃收藏在大田魁城村连氏龙井大宗祠里的一幅书帖内容，作者为晚明大书画家董其昌。这位出生于明嘉靖三十四年（1555年），官至南京礼部尚书的松江华亭（今上海）人，其书法"出入晋唐，自成一格"，山水画尤"笔致清秀中和，恬静疏旷；用墨明洁隽朗，温敦淡荡"。为后世藏家所珍爱。

董其昌34岁参加会试，以二甲第一名中进士，并作为七品闲职"庶吉士"留翰林院，接受三年继续教育。对此，董其昌在《容台文集》里写道："在昔己丑（1589年）之岁，庶常吉士二十有二人，天子命少宗伯田公为师。"

董其昌自画像

田公，即田一俊（儁），大田县梅岭村人，字德万，号钟台，明隆庆戊辰（1568年）进士，时任礼部右侍郎兼翰林院侍读学士，掌管翰林院，不久转任左侍郎教习庶吉士，成为董其昌老师。田一俊"谆切不倦，时与讲求经济与立朝大节，无不人人顾化者"。又以正直著称，乃"恬然寡慕，居恒辨一介，然不欲以洁自标。历宦廿余载，莫知其贫"的萧然寒士，不幸于1590年病重，连上三道奏折恳请回乡养病，但皇帝皆未应允，于翌年病逝京城，虚年52岁。是年闰三月六日，朝廷赐"祭一坛，特给全葬"，诏赠礼部尚书，谕"文洁先生"。

因田一俊逝世时，儿子才11岁，归葬大田成了难题。因此，翰林院学子商议，选派一人护送，但只有董其昌不顾"解馆"后个人前途大事，慨然答应前往。此举令人赞叹，接替田一俊官职的吏部侍郎兼翰林院侍读学士韩世能，以高丽黄笺纸相赠董其昌；太仆寺少卿邢侗，为其赋诗《松江董吉士玄宰以座师田宗伯丧南归，慨然移疾护行，都不问解馆期，壮而赋之》送行。董其昌自己也在《邢子愿法帖序》中写道："余为庶常时，馆师田公宗伯病且剧。同馆议以一人行者，余为请急，卒成挂剑之游。子愿太仆曾为近体一章，推余意气。"当时，董其昌感仰田一俊

魁城董其昌墨宝

人格魅力，于是年四月从京城出发，由京杭大运河到杭州，经衢江、武夷山、沙县，到达大田时，约为农历八月，"秋气"还"未深"。护送先师棺椁及其

家人回乡，使得田一俊能归葬大田城东门外杨树林，这既是尊师，更是义举，难能可贵。

步礼部尚书田一俊《游洞天岩》韵而作
［明］董其昌

洞入灵岩景倍幽，香林宝地足遨游。
缘溪秋草同僧寂，一路山花散客愁。
怪石昼悬苍树迥，飞泉晴带白云流。
斜阳未尽登临兴，更欲乘风到上头。

此诗是董其昌护送先师归葬大田时，步田一俊《游洞天岩》诗韵所作，一为步韵，二显尊师，它应是董其昌护柩南归整个过程的描述。京师离闽中路途遥远，闽浙一带又多山路崎岖，由此可知董其昌当年护柩南归有多么艰难，好在"一路山花散客愁"，闽中优美的自然山水，驱赶了画家一路的"客愁"，以至在事完返回京城时，还一路"斜阳未尽登临兴，更欲乘风到上头"。

无独有偶，在2019年上海博物馆举办的"丹青宝筏——董其昌书画艺术大展"里，出人意料地展出了一幅题为"大田县有七岩临水，山下皆平田，秋气未深，树彫（凋）叶落，衰柳依依"的纪游图。这是一幅董其昌描绘大田县山水的水墨画作，完成于1592年，现收

《大田县纪游图》

藏在安徽省博物院。

　　大田县又名"岩城"，其中"白岩十二景"田一俊赋过诗。董其昌图题"七岩临水，山下皆平田"，乃县城周边分布的赤岩和白岩等名胜，以及旧时城区的一大片田野。大田县衙，就建在"状元丘"稻田上。字画中所透露出来的信息，很可能是当年田一俊归葬处。墓地隔着一条均溪河，对面是一片赭红色巨岩，1587年知县谢与思倡建"赤岩寺"，就在岩下刚建成不久。志书记载其"寺负山临溪，岩壑优美"。大田山清水秀，董其昌在驻留期间，碰到异人向他传授养生秘诀。他在《画禅室随笔》记道："余游闽中，遇异人谈摄生奇诀……"董其昌寿82岁。

（文/图：林生钟）

41. 延祥风物巡礼

延祥村地处宁化、清流、明溪三县交界，现辖 11 个村民小组，人口 1360 余人。宋天圣年间（1023—1032 年），江西瑞州高安刘凝后裔刘东升由沙县携家眷避乱游山延祥，并于此辟土垦荒，建家立业，命名刘源村。后随人口增长，新辟酒罗、东坑，随之杨时第四世孙杨万福于宋淳祐年间（1241—1252 年）迁居鹞子寨，名丁贵坊，杨氏第七世祖杨五九更名延祥，尊杨时为一世祖，繁衍至今已 30 多代。

杨氏族谱、门楼

孔坑贡茶

明正德年间（1506—1521年），延祥拔贡杨德安任浙江金华府经略，每次赴京带上家乡孔坑茶送给皇帝和大臣品尝，受到赞誉，延祥西园孔坑茶遂被列为贡品，令每年进贡。延祥茶园地处村西孔坑海拔700多米朝东山上，丛林密布，人迹罕至，昼夜温差大，常年云雾缭绕，面积约2亩。农业部门曾取土化验，富含硒等微量元素，此地生产的茶叶，香味特殊。孔坑茶于每年谷雨至立夏间晴天时采摘一次，以传统工艺手工精制而成，香气馥郁、味道甘醇。村民介绍说具有保护牙齿、提神醒脑、生津利尿、解暑杀菌、减肥美

孔坑贡茶老枞

容、预防癌症、降脂降压、防辐射抗衰老、健胃消食、清凉解毒等功效。民国三十六年（1947年）台湾省为庆祝光复二周年，曾举行名产品展览活动，特设福建馆，并指定宁化延祥孔坑西园茶供展。孔坑贡茶1955、1956年被选送北京参加全国农业展览会获得很高评价，并作为宁化人民的礼物赠送给毛泽东主席。2019年孔坑贡茶制作技艺入选市级非物质文化遗产目录。

九 龙 寨

清顺治四年（1647年），清军入主中原，南明永宁王战死，其妻彭氏王妃（一说为世子妃）痛不欲生，由赣入闽，隐匿于永安日月山寺中。大明参将范从宸、廖必明知悉后前往劝说，共谋义举，遂于延祥九龙寨和清流国母洋一带，率二千余众盘踞于此十多年，誓死反清复明。彭妃智勇双全，武艺超群，但终寡不敌众，为清军追剿，在长汀被杀害。

九龙寨位延祥东南，海拔816米，距村约3.5公里，与清流瓦子窠、石狮岭交界，四周陡峭，地势险峻，仅有从延祥村进寨一条小径，有"九龙寨，半天飞，有命去，无命归"之说。寨内宽广纵横约1公里，有稻田、水井等，可容万人，足供炊汲。现仍保留着石砌战壕、隘门、石跺和青花瓷碎片等，散发着当年皇家气息。明人李世熊所著《寇变记》，亦有清顺治年间彭妃与延祥乡勇杨大禾、二禾等人阻击清兵事迹。

除九龙寨外，旧时延祥有十景，如文峰古塔、莲花掌、狮象交牙、石水井等，尤其村内110多口池塘，群池映翠，水面如镜，"晨曦群池映翠柏，黄昏丛山显苍松"。

彭雪枫故居

故居位于延祥村孔坑9号，是一座典型清代客家古民居，原为村民杨先申太爷爷杨桂修（光绪年间生）所建。整个大厅雕梁画栋：大象鼻子托着大小横梁，椽板上海水微波、草龙腾跃，意为河清海晏，盛世太平；下面磉石

刻着麒麟、宝瓶，意为吉祥平安；扣板做成竹节状，蕴意生活节节高；还雕刻着象征福禄寿喜的蝙蝠、梅花鹿、寿桃、喜鹊等。下厅两边橡上雕有凤穿牡丹，左右分别为鸾凤，寓意鸾凤和鸣、夫妻和睦、比翼双飞、花开富贵。

1933年7月1日，为"两只拳头打人，东征福建，赤化千里，筹资百万"，"中革军委"在江西广昌一带成立东方军。7月2日，东方军司令员彭德怀、政委滕代远率部从江西石城进入宁化，1至5日解放了闽赣边界、宁化等地。但国民党残匪、宁化伪县长黎树勋逃到泉上土堡负隅顽抗，东方军乘胜追击，于7月5日消灭守卫在土堡外围的国民党兵两千余人，进而把土堡围得水泄不通。守敌一面向师长卢兴邦请求火速支援，一面加筑工事，企图顽守待援。敌五十二师卢兴邦派一五六旅旅长张兴隆率三〇九团，从永安经清流嵩溪增援三〇七团，彭雪枫坐镇孔坑9号，指挥东方军第四师及宁化新编独七师在石狮岭、延祥设伏阻敌增援。7月9日延祥阻击战打响，经一小时激战，全歼敌三〇九团400多人，其中毙敌张兴隆旅长及官兵100多人、俘敌

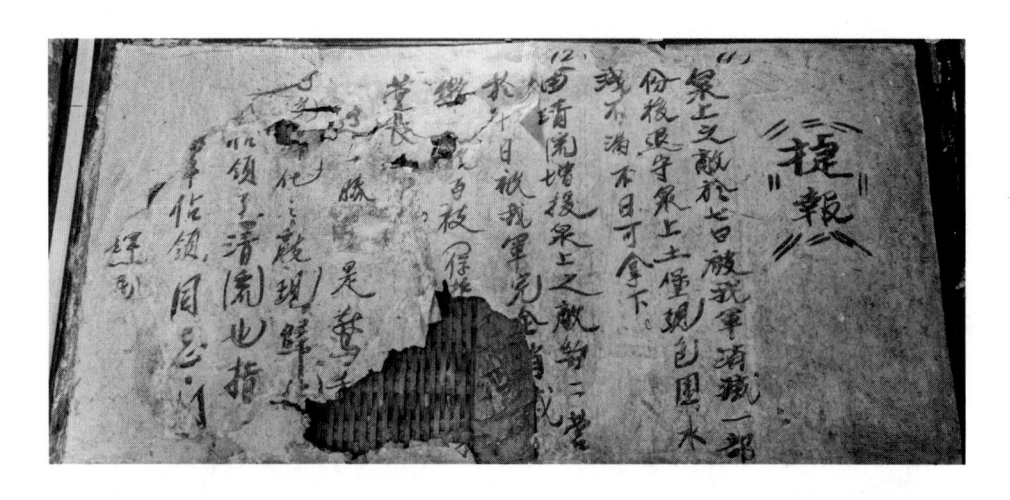

卢胜斌团长及官兵 300 多人，缴获步枪 400 多支、轻机枪 4 挺，从而确保了泉上土堡战役的彻底胜利。至今孔坑 9 号仍保存着当年红军宣传标语 4 条、捷报 1 幅（是福建唯一保存较为完整的红军捷报）。《捷报》上写道："泉上之敌于七日被我军消灭一部分后退守泉上土堡，现包围水泄不漏，不日可拿下。由清流增援泉上之敌□二营于十日被我军完全消灭，缴枪百枝，活捉营长一名。"后尚有数十字，因年代久远有些已辨认不清。石灰壁上还留有红军宣传标语："优待白军俘虏兵，医治白军伤病兵，打倒签订上海卖国协定的蒋蔡军阀，成立抗日的士兵会。欢迎白军弟兄们拖枪过来当红军。""打倒投降帝国主义的国民党军阀，白军士兵们，赶快起来杀死你们的反动官长，拖枪到红军中来。"

古 建 筑

横街古建筑群：该建筑群为明清时期所建左右相对分布的六栋青砖灰瓦老屋，是目前延祥保存最为完整的建筑群。其特点是左边房先建，大厅正开门，右边房大门侧开，相互之间互让互爱，看不见对方隐私，少了口角是非，促进邻里和睦，安居乐业。同时，也规避了堪舆学上两口相对必有一衰之说。每户厅内主位右侧有一神龛，供奉祖宗牌位，上香后关上窗门，平时不显露，较为独特。大厅天子壁位代表主人、生人位，垂挂寄托美好愿望之字画。有清道光年间内阁学士李嘉瑞赠杨封（贡元）联："世泽启衔环永念阴功燕翼，家声传立雪毋忘理学渊源。"

杨鼎铭故居：杨鼎铭，字玉光，清乾隆（1743年）生，嘉庆丙子（1816年）终，太学生；杨鼎周，杨鼎铭二哥，字君玉，乾隆庚申（1740年）生，嘉庆己未（1799年）终，太学生，其屋位杨鼎铭故居前，体量更大，号称九井十八厅，目前只剩遗址。

清乾隆六十年（1795年），杨鼎铭前后用时十多年，建成占地约2000平方米、百间砖木结构楼房。四进、前后两大厅，左右四厢房，地面全用釉面青砖铺成，四周围砖墙，仅前后两门进出。主屋左侧原有木结构三层走马楼，比主屋高丈余，实乃学堂，杨家子弟在此读书。其四周楼道相通，可走马，取"柳营春试马，虎帐夜谈兵"文武双全意。一进为落马坪，前有对称花台，曾种牡丹、芍药、茶花、含笑等。二进为迎客、送客坪。三进之后入大厅。后厅为敬义堂，平时不开大门。大厅两侧厢房设四小客厅，厢房内各设六个小客厅。前后大厅有三大天井，两侧厢房设八个竖长天井。各天井用玄武岩青色条石铺砌，其中几块条石宽约60厘米、厚20厘米、长近6米。厅内有楹联："世泽启衔环永念阴功燕翼；家声传立雪毋忘理学渊源。""体擅西昆标雁塔；派分南剑起宏图。"以及伊秉绶联："先代擅文名云路已舒麒翼足；后昆传学业梧冈多有凤皇毛。"正厅原有清道光年间李嘉瑞赠贡元杨封"学绍金华"、乾隆四十六年（1781年）帝师朱珪赠邑庠生杨秉基"学绍南来"和康熙年间"代有文豪""文豪甫著"等牌匾。相传，屋内有一幅名画镇宅，确保大屋几百年不曾失火。

念四公祠：三官大帝（即天官、地官、水官）人文始祖庙、杨氏宗祠，建于明万历四十年（1612年），因杨氏族人把先人念四公牌位放在神龛侧边，故称念四公祠。

此外，延祥村文物还有：明代瓷盘，口径约1米、高约1.3米，外绘珍禽异兽、内外施釉的2个大水缸；清代千丝、青花双喜、兰花瓷静盆；铁铸大钟、石马槽、玉石椅；杨大翔家书、古匾额等。

念四公祠

百年牡丹

延祥村有一株独一无二的牡丹，为清代岁进士杨葵（1764年生）在洛阳一带为官时带回种植，至今已有两百多年历史。其品种为焦骨牡丹，花朵为粉紫色，多在清明后谷雨前开放，"株达十余高2米，花朵难计，超出围墙。迩来陈枝枯槁，全丛现有新枝四根，最高者计1.1米，围径0.5米"。

传承重教遗风

延祥始终传承着宋代理学家杨时尊师重教之遗风。据族谱记载：明清两代村内私塾众多，有正义堂、新竹第、诒毅堂、朱文公祠、半亩堂、一鉴堂、畔丰楼、守素堂等。杨氏族谱《家塾志》曰："迁祖守一世祖之遗训，潜学于家，不求闻达，以修其身。相传其书室在柳暗窠，今鞠为茂草矣。自兹以降，身游庠序者，代不乏人。然为世既远，其肄业处俱不考。后人礼祖意，隆师重道，广构书室，文风益振，宜志之谱，以为家之学者劝。"据不完全统计，延祥考中秀才以上乃至举人、进士者达107人，外出任职官员55人。其中，明景泰年间生、正德初年出任浙江金华府经略杨德安，清康熙甲午科第67名举人杨大翔，乾隆年间贡元杨其才，乾隆甲申（1764年）生人、道光丁亥科岁进士、曾在河南洛阳为官杨葵，乾隆年间恩进士杨新漪，乾隆四十六年（1781年）邑庠生杨秉基，嘉庆年间生、字方廉、道光年间考取贡元杨封等，都是其中优秀代表。

延祥花灯

自明正德年间延祥拔贡杨德安至浙江金华府任职时参观苏杭灯会归来，传授、仿制花灯以来，相沿至今已500多年，并以其巧妙结构、富丽堂皇、古色古香而闻名八方。

延祥花灯利用毛竹篾片为骨架，采取各种高级纸料盖面，从取材、破篾、捻纸线、做灯骨、糊纸盖面，到绘画、写字、刻花、烙绿、贴花共十余道工序，每道工序都极其讲究，穷尽心机，制成各式各样奇巧而艳丽的花灯。延祥花灯品种繁多，技艺精湛，村里每年制作的花灯多达200多盏，款式除全套执事灯、固定张挂灯外，还有抬着游行的花缸灯、堆钵灯、棚子灯，以及两盏最具代表性的牌枪灯和后勇灯，其中后勇灯高达5米，由苎麻布制成。执事灯盏、大型灯盏、固定张挂灯盏，系杨、官、刘三姓传承人纠集族人扎制而成；小型花灯，则由各家各户自行出资、邀请师傅制作完成。延祥花灯多有故事，如"四知堂"花灯，讲的就是杨家先祖西汉杨震"暮夜却金"的故事，数百年来杨氏后裔以此为荣，每次灯会都以皇封"四知堂"开道，传承"四知"精神。

每年正月初五、初六、初七迎社神和元宵节，延祥都开展赛花灯、赏花灯活动。2022年1月延祥花灯会，被列入省级第七批非物质文化遗产代表性项目名录。

（文：林日上　图：林日上、林小妹）

42. 从前的锁也好看

祥云轩将乐窑博物馆是以收藏、研究、展示、宣传将乐窑陶瓷和将乐窑文化为主旨的专题性博物馆。该馆位于将乐县文博小镇，占地面积 1880 平方米，建筑面积 3742 平方米，现有古陶瓷 3000 余件，另有铜锁等杂项 2000 多件，藏品均由将乐籍收藏家余学云先生捐赠或收藏。是将乐县重点打造的"六馆四基地"中的重要一环，也是目前我省藏品最多、规模最大，研究、收藏将乐窑陶瓷最丰富的专业博物馆。馆内的锁具专题展为省内首个以古代锁具为主题的常设陈列，用精美实物让观众了解我国古代锁具的发展过程及巧妙工艺。

古锁起源众说纷纭，虽无从考证，但毋庸置疑，锁伴随着私有财产出现而产生。从最早考古发现仰韶文化时期的木锁，到西周时期出现的青铜锁，再到东汉普遍生产和使用的金属锁，发展到明清已经达到一个极为鼎盛时期。直到 20 世纪 50 年代国外成本较低的弹子锁引入，传统锁具才逐渐退出历史舞台。

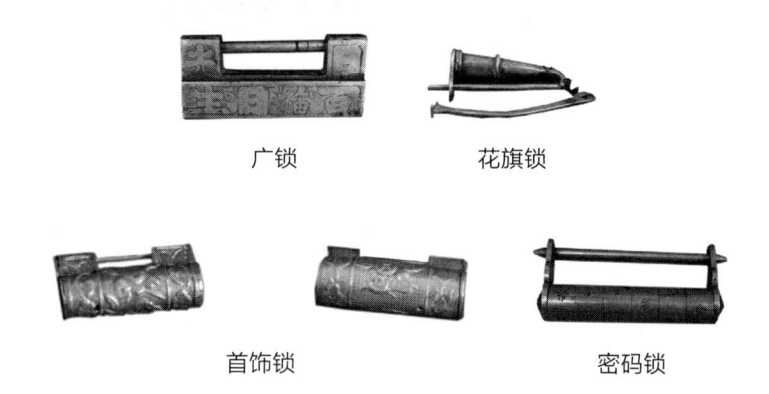

广锁　　　　花旗锁

首饰锁　　　　　密码锁

明清时期是中国传统锁具的繁荣阶段，种类丰富，造型精美。一般来说，生活中常见的古锁可分为广锁、花旗锁、首饰锁、密码锁四大类。

广　锁

关于广锁，《十三经注疏》中写到"东西为转，南北为广"，《辞源》中亦有解释"南北为纵，东西为横"，广锁是明清时期最普遍使用的锁。所谓"广"，就是强调其横向开锁功能，也就是横式锁。在清代主要生产于浙江绍兴，故称"绍锁"，民间也称"横开锁""枕头锁"等。广锁虽造型简单，却在钥匙孔位置设计上下足了功夫，如钥匙孔在锁具背部的背开锁，在锁具底部的底开锁，隐藏钥匙孔的暗门锁，难以插入钥匙的定向锁，开启步骤复杂的多开锁，因特殊簧片结构需反向开的倒拉锁。

钥匙孔形状，常见的有"吉""下""上""一""士""寿"等。这种设计大概与社会等级制度有关，如最普通的"一"字锁，使用者多为普通百姓，使用"士"字锁者应多为文人士大夫，"上、古、山"应为从商者常用，"吉、正、尚、王"应是王公贵爵使用。

各类钥匙孔

锁具上的纹饰往往带有浓厚的生活气息，表达了当时人们内心的愿望与希冀。采用平雕、浮雕、阴阳雕、镂空等诸多工艺，在金属锁壳平面上镌刻各式人物、动物、植物、器物、乐器等造型，最为常见的如"福禄寿三星""和合二仙""刘海戏金蟾""龙凤呈祥"等。

广锁之美简单纯粹，通过洗练线条勾勒，装饰纹样补充，使它蕴涵了不同时期、不同地域人们的思想观念、审美情趣和价值取向，同时也带有制度印记，被赋予不同象征意义。

清代"福禄寿三星"银锁

图中清代"福禄寿三星"银锁刻工细腻，共分三个画片，中间为福禄寿三星，常见福星手拿"福"字，禄星捧着金元宝，寿星托寿桃、拄拐杖；左边是持莲童子，寓意"莲生贵子"，与中国传统"宜男""宜子"观念巧妙结合，广泛应用于民间瓷器、玉雕等生活陈设和玩赏器中；右边是奉桃童子，桃子"子繁而易植"，是多子多福的象征，桃还有长寿寓意。相传孙膑十八岁离开家乡到千里之外的云蒙山拜鬼谷子为师学习兵法，一去就是十二年，那年五月初五，孙膑猛然想到"今天是老母八十岁生日"，于是向师傅请假回家看望母亲，师傅摘下一个桃送给孙膑说："你在外学艺未能报效母恩，我送给你一个桃带回去给令堂拜寿。"孙膑回到家里，从怀里捧出师傅送的桃给母亲，没想到老母亲还没吃完，容颜就变年轻了。人们听说孙膑的母亲吃了桃能返老还童，也想让自己父母健康长寿，便效仿孙膑，在自己父母过生日时送鲜桃祝福。

花 旗 锁

"花，花样"，"旗，表也"，花旗锁即花式锁之意，其作用兼具防盗与赏玩，是一个门类广泛、风格多元的锁具品种。花旗锁通过特殊造型，配合锁身雕刻的不同纹样,来表达人们对美好生活的向往。

　　花旗锁造型,一般分为动物、植物、器物三种,经常选用狗、猴、龟、鱼等吉祥动物,以及荷花、佛手一类植物,除此之外锁上还雕刻纹饰或吉祥语。花旗锁品类丰富、精致秀丽,寓意直接明了,既能保障主人财产安全,又能将主人对未来憧憬寄寓此中,受到达官显贵、平民百姓普遍喜爱。

民国提琴锁

　　民国琴锁的"琴"通"情",顾名思义为情锁。古代男女,情感含蓄,不会将爱慕直接表达,而是通过写情诗、送定情物等方式传递爱意。青年男女通过互赠琴锁,一锁定情,浪漫非常。琴腹正面刻有"喜鹊登梅"传统吉祥图案,与琴锁造型相互辉映,寓意有情人终成眷属,生活幸福美满。

清代鱼形锁

　　唐代诗人鲍溶《期尽》一诗中写到"鱼锁生衣门不开,玉筐金月共尘埃",古代人用鱼的造型制锁有着深远涵义。《芝田录》云:"门锁必为鱼者,取其不瞑守夜之意。"因鱼目始终睁开,可日夜守门户而为制锁工匠青睐。同时,古人认为鱼是一种多功能祥瑞之物,生活中有"年年有余""如鱼得水"等吉祥语广泛使用。

清代铜钱花狗锁

狗是十二生肖之一，也是人类患难与共的朋友，被认为是通人性的动物，中国人视狗为吉祥物，所谓"猫来穷，狗来富"。如谁家突然来了只狗，主人会高兴地收养它，因它预示财富来临。狗和主人同甘共苦，如有灾祸来临，也会预示警惕，如狗上房暗示盗贼将至。不仅如此，狗从古至今都是看家护院能手，将锁制成狗的造型，能守住主人财富。狗锁身上还刻有铜钱纹样，寓意财源滚滚，期望财运好，步步高。

首 饰 锁

女人佩戴的"长命富贵"首饰锁

首饰锁，俗称"配饰锁""长命锁""百家保锁"，这类锁已脱离锁的实际用途，成为一种象征，表达人们对美好生活的企盼。首饰锁按照使用人群一般分为两类：一类是为女人设计的挂件锁，这类锁个头小，一般在3—5厘米之间，以链条串形式挂于脖颈或帷帐，以达到装饰和祈福作用。另一类是为儿童设计的长命锁，寄托父母对子女的关爱。明清时流行"长命锁"，小孩出生后，父母为保佑其健康成长，消灾辟邪，打制一

孩童佩戴的长命锁

副银锁或项圈给小孩佩戴,意在"锁"住生命。不论从造型还是纹饰上,首饰锁都传达出一种巧妙思维,以及向往幸福、平安吉祥生活的美好愿望。

密 码 锁

清代四字密码锁

民国数字密码组合锁

密码锁是古锁中制作最精巧且最难打开的一类,锁轴上装有多个刻汉字或数字的转环,每个转环上都刻有不同文字或数字,如同现在的密码盘,套在锁上,依次旋转转环,只有特定组合才能打开。暗定汉字多为俗语或诗句,如"和梅竹贵定""双捧寿喜""黄金万两"等。不知道密码的人即使拿到钥匙,也无法打开铜锁,可谓匠心独运。锁转环上的文字并不生僻,但放在上学读书并不普及的古代,并非人人都能识得,因此密码锁应是古代大户人家才会用的防盗工具。

器物发展一般都经历从实用到兼顾美观、表达思想的过程,锁也一样。锁是人们日常生活中极为重要的一种工具,成为时代载体,反映着各个时期人们的思想与审美观念。正是因为锁随处可见,又常常被忽略,在古代未能引起特别关注，古籍中关于锁的记载也极少。直到近代，传统古锁逐步淡出人们生活，才又引起人们注意，不少人开始有意识地收藏和研究。从这些仅存的传世珍品中可以看出，中国古代锁具虽然仅仅是日常普通小物件，但其包含的文化寓意及体现出的社会观念，远高于其本身价值。民间传统文化中的精要，通过一个小小的锁具展示出来，从中更能感受到古人超群的智慧和非凡创造力，以及对美好事物的热爱和对幸福生活的憧憬。

（文：余蕾希、余学云　图：余学云）

43. 宁洋古道

明景泰三年（1452年）永安始设县治后，有史可查的"官路"有5条。

永安至清流：起于城区，经曹远、大湖、安砂等乡镇，入清流县城，长115公里。自城区至安砂大岭尾，与清流交界长57公里，永安西域各乡及清流入永安，均以此为交通要道。永安至尤溪：起于县城，经上桂乡上坪、槐南乡西华堡等地，达尤溪县城，全长138公里，本县至西华堡长50公里。尤溪通永安及永安东部各乡通县城均赖此路。永安至明溪：起于县城，经大湖、岭后入明溪境而达县城，全线长80公里，本县城起至莲花山界碑长45公里，为通达明溪唯一道路。永安至沙县：起于县城出北门，过浮桥，经下渡、坂尾、贡川、新岭、沙溪洋而入沙县，止于沙县城，全长90公里，永安界内长40公里，系永安通达延平府重要官道。永安至宁洋：起于县城，途经桂口、蚌口、林田、马家山铺、吉石屹，入宁洋县境虎山、西塔、石坑，止于宁洋县城，全长63公里，自县城迄虎山吉石岭长34公里，永安通宁洋仅此一道。

永安山岭重叠，溪涧纵横，所谓官路实为蜿蜒曲折山间小道。此类"官路"大抵以地方官员为首倡修而筑，且连接乡村，沿山傍河，通达邻县。路面以块石、卵石铺就，或土路，宽不及 1.5 米。小路或坎坷泥泞、羊肠屈曲，或拾级登阶、坡岭绵亘，桥多简易搭成，倘遇山洪暴发则路毁桥断，行旅受阻，极不方便。世道沧桑，时代变迁，上述"官路"有的古为今用被辟为公路，有的则荒废作古。

穿越历史时空，永安最具代表性且尚存的"官路"是"南宋古道"，即民间俗称的"宁洋古道"。这条古道建于南宋淳熙元年（1174 年），距今已 850 年。明隆庆五年（1571 年）明朝廷在原路上重修"宁洋官道"，起于今永安市，出南门、过桂口、环蚌口、绕蚌溪、抵林田、到坑源，达宁洋县城。其为永安、宁洋两县交通要道，亦是古代贩运茶叶、食盐、布匹、药材等商品的唯一通道。古道宽约 1 米，跨沟壑、过山涧、越山脊、穿林海，犹如镶嵌在大岚山身上一根筋骨，若隐若现在莽莽大山中，见证着岁月沧桑，诉说着历史变迁。据明万历本《永安县志》载：古道设有铺，从永安县城出南门至西洋镇内，设有桂口铺、林田铺，铺有驻兵，许是古时传递文书、官员往来及货物运输等途中补给、换马驿站处所。

据考证，北魏时期林田就有先民居住，"木木为林，多口并田"而取其村名。林田村为"宁洋古道"最南端中转站，是漳平、宁洋、永安三县的交界处与通往闽南中心的枢纽，而"宁洋古道"最南端的紫云山，又是闽江水系与九龙江水系分水岭。隋恭帝杨侑义宁元年（617 年），西洋林田柯姓人氏即在林田一带定居，至今已 1400 多年。该村宋代有"九子十登科"美誉，千年文脉在此传承。林田村北端古道上，有南宋摩崖石刻——"淳熙立大田高平室主黍娘奉施谨题"，为颂黍娘奉施筑路功德，由时人镌刻于崖壁之上。

明崇祯元年（1628年）农历三月二十七日晨，四十多岁的徐霞客背着行囊，一路跋山涉水、翻山越岭，行走在宁洋古驿道上，从永安抵林田，进宁洋坑源马山抵达宁洋。明崇祯三年（1630年）农历八月十五，徐霞客再次游闽，途经宁洋古道抵漳州。林田奇山秀水，留下了"千古奇人"徐霞客的身影与足迹，以及岩崖石中"碧水丹山"墨宝。

1989年以来，陈毅翔一家五代守护古道上红军墓

1934年4月红九军接管林田红色政权，林田村设立了红军临时指挥部。同年7月18日，寻淮洲率领红七军团改编的中国工农红军北上抗日先遣队和罗炳辉率领的红九军团等万余名红军将士，先后穿越宁洋古道进入西洋，奔赴北上抗日。1935年3月林田成为游击基点村，留有当年红七军团在林田詹氏祖屋设立的临时指挥部旧址，以及红军在村民墙壁上留下的许多宣传标语、漫画等。

（文/图：余尔望）

44. 民居博物馆

永安民间收藏家罗上层，历经20多年悉心收藏、研究，自筹资金兴建了省内第一个民居博物馆——恒裕堂。总面积1200多平方米，共有四层展馆，展品2000多件。

恒裕堂

一层展厅：各类古建筑石雕构件，主要有圆形、鼓墩形、方形、八楞形柱础、门枕石、门楣、隔心墙、门槛、地栿、围栏，以及明清时期门柱、栏板、漏窗等建筑构件，构件上绘刻有历史典故、花鸟鱼虫、吉祥图案等传统纹样。厅内展出的元代"世代有余"佛教净手盆，器型厚重完整，盆体雕有菩提树、万年青等佛教题材图案，年代早，有铭文纪年，题材罕见，十分珍贵。同时，所收藏的列西龙脉碑，为宋元石刻，极具地域文化色彩。其碑文曰："历西龙脉，栽插树木，遮荫风水。"碑身包浆浑厚沉稳，碑文字体古朴大方，相传为邓华山所作。邓华山，五港人，即今永安市洪田村人。清雍正十年（1732年）版《永安县志·方技》载："明景泰开县，凡建邑立学，筑城开市，皆其指画。事竣，宪司给帖，永免子孙差役，历今不替。"《邓华山谶本》曰：三元有"观音生莲形""观音戴金冠形"二山。其谶云："麒麟出三元，觅见出三贤""观音戴金冠，儿孙代代出高官"。历西龙脉碑，大抵如此。

元代佛教净手盆、列（历）西龙脉碑

二层展厅：有清代馆门楼，吉祥门扇、五颜六色矿彩案几、厚板大门以及彩绘门神大门、满堂富贵隔扇窗等一大批独具风格的民俗文物，让人仿佛置身一个明清时期古建筑艺术殿堂之中。其中，清代大田县武陵武探花林宜春使用过的宫廷"金杯"，造型美观，厚重典雅，极具收藏价值。

清代宫廷"金杯"、清代木椅

三层展厅：有各式各样木雕、斗栱、花栱、曲栱、匾联等古建筑构件和一大批古代婚丧嫁娶契约文书、特色家具、古钱币等，展示了古代先民的生活习俗，观赏者可从中窥探每一件藏品的历史、艺术等价值。

顶层，为迁建来的一座清代穿斗木房，原已破损陈旧，经清洗整修，焕然一新，尤具特色。

恒裕堂主要采取情景式与展柜、展板相结合的文物展陈手法，极具新意又不失亲近感。自2014年创办并免费向社会开放以来，共接待了参观者5万多人次，2024年被确定为厦门大学历史系研学基地。

红军标语

恒裕堂过廊间、厅堂一部分，还展陈有1934年红七军团北上抗日先遣队居住过的房屋构件和槛墙、竹编夹泥墙上的红军标语。

当年，中国工农红军对标语宣传工作极为重视，强调"一条标语能抵一个军""标语是红军的第二武器"。红军每个班中，一般配有2个宣传兵，每天行军或到达宿营地，他们第一件事就是按照上级下发的宣传提纲，在驻地墙上等书写宣传标语。有的一幅标语敌我双方涂了写、写了涂，写了改、改了又改，形成在标语口号宣传上的拉锯战。为向民众揭露国民党屠杀革命工农罪行，唤起民众反抗国民党压迫，红军标语有："国民党是屠杀工农的刽子手！""要吃饭只有打土豪分田地，消灭残余豪绅地主武装。""白军士兵们要想家里妻子老母有饭吃，只有拖枪过来当红军。"这些红军标语，就像机关枪，发发命中靶心，不仅讲清了大道理，还指明了行动方向，闹得国民党军士气低落、军心不稳，对许多白军士兵拖枪起义，起到了较大作用。

罗上层，1968年5月出生于永安槐南镇洋头村。高中毕业后在乡镇企业上班，后创业并迷恋收藏。2016年4月，一位韩国古建筑专家来聚宝斋寻宝，罗上层坦诚相待，两人一见如故，成为朋友。经这位韩国专家介绍，他结识了不少浙江、上海等地古建筑行业精英，从此走上收藏之路，并自建了"恒裕堂"博物馆。罗上层团队有两本古建筑修复资质证，先后参与了山东青州广福寺、上海宝龙集团美术馆部分展厅、浙江台州灵岩寺、宁波报德寺、丽水景宁畲族自治县旅游区福建特色四合院、宁化湖村镇蛟湖山庄、大田广平五龙山百香书院等古建筑工程的建设与修缮。

2016年2月，恒裕堂将清代嘉庆元年（1796年）"盛世耆英"和嘉庆二十年（1815年）"璠玙永绍"两块牌匾，捐赠给永安市博物馆。2022年7月，又将清康熙五年（1666年）"德馨上祝"牌匾，捐献给大田县博物馆。有位福州客人，在恒裕堂发现他祖上牌匾，罗上层即无偿送还。近年来，他还多次捐款给槐南镇洋头村小学，支持家乡教育事业。

（文：林日上　图：林小妹）

45. 古韵悠扬小腔戏

尤溪新阳南芹小腔戏,属皮黄腔,系福建地方戏曲剧种,为早期乱弹声腔在闽中之遗响。清中叶,江西乱弹班流入闽西北、闽中后,始称"乱弹",曾流行于尤溪、永安、明溪、大田、沙县等地。

《松鹤长春》剧照

清嘉庆年间(1796—1820年),洋头村民余清福自幼酷爱戏曲,拜江西艺人为师,在本村传授大腔戏。因戏班外出巡演,途中大部分艺人翻船罹难,余只身脱险,无颜返乡,便投身邻村南阳尾设馆教戏,并被拥推为班主师傅。随后,他将两个原先唱大腔戏的戏班合并组建"庆隆班",将主要行当角色改用小嗓细音行腔,故称"小腔戏"。因形成于南阳尾自然村,故又称"南阳尾戏",其唱腔、表演与京剧颇为类似,演唱时用当地的"土官话",俗称"土京剧"。主体唱腔属板腔体,以西皮、二黄为主,兼用道士腔和民间小调。唱词以七字和十字齐言句为基本格式,读音以俗称"官音"的中州韵为主,杂以方言。由于小腔戏唱腔优美,易学易唱,戏装色彩艳丽,表演生动有趣、接地气，且有锣鼓、丝竹、唢呐伴奏，喜庆热闹，既酬神又娱人，故深受百姓喜爱。为纪念余清福创艺之功，后辈艺人将其奉为戏神，置于田清源、窦清奇、葛清巽诸戏祖牌位之后，常焚香祭拜并演戏敬之。

小腔戏得到了外国友人的认可

乐队分为文场和武场，由京胡、二胡、三弦、月琴、笛子即称之为"五音"的"琴串"和一对唢呐称之为"双音"的"吹牌"组成。"琴串"即间奏音乐，常用的有《金子金》《送辰串》《文串》《秋串》《绳子串》等。"吹牌"为唢呐吹奏的曲牌，常与锣鼓交错使用，使场景气氛浓烈，常用的有《天水宫》《大开门》《风入松》《清宫引》《一枝花》等。锣鼓经继承了弋阳腔"其节以鼓，其调喧"的艺术特色，称为"十二番"，由板、鼓、锣、钹组成，有开台锣鼓、过曲锣鼓、科介锣鼓和吹牌锣鼓。

清同治、光绪年间，小腔戏先后传入沙县、永安、大田、明溪等县，各地组建近 30 个戏班。庆隆班排演的头本戏是《天缘配》，先后排演过 20 多本大戏和 100 多出折子戏。常演的剧目有"十八本头"、"五十八花柳"（折子戏），其中《定军山》《天门阵》《万里侯》《罗纱记》《打金枝》《双救驾》等剧目，至今还常演不辍。2006 年小腔戏被列为福建省第二批非物质文化遗产名录。

清代剧本

南芹村小腔戏剧团设有传习室、服装道具室、舞台和容纳500名观众的礼堂。现有服装200多件（套），轻重响器20余口，有斧头、红缨枪、大刀、令旗、双剑、马鞭、耙、棍、杖、锤等长短道具50余件，还有3件清末的旦角戏服和各类道具。

小腔戏角色自光绪后由"四门九行头"发展到10个角色，即前台演员10人，后台乐队6人，俗称"16把椅"。小腔戏表演具有浓厚的乡土气息和民间色彩，"老生要弓，花脸要撑，小生要紧，旦角要松"，至今仍然保留着宋元南戏大多由副末开场的形式。"大花平天，二花平眉，接须平鼻，小生平肩，小旦平乳，三花平肚脐"，戏中跳台、点干、对阵等表演动作带有木偶表演痕迹，犹如相声的逗哏捧哏，一唱一和，吹捧逗趣，轻松、诙谐、活泼，充满生活乐趣。

以清光绪三十二年（1906年）记载的五代传师界定，小腔戏已历经十三代传人有200多年历史。如今小腔戏剧团依然循例在每年农历六月廿四祖师爷诞辰之日举行收徒、入团仪式，由传承人开展教、帮、带、传活动。

剧照、服装

近年来,三明市政府等将南芹小腔戏列入文旅活动展演项目,并采取多项措施大力培养新一代传承人,积极推进小腔戏的传承保护工作。小腔戏亦积极参与"非遗进校园"、"八闽秀才——福建乡村达人电视大赛"、三明市"半台戏"——公共文化服务市级配送系列活动非遗项目之"传统戏剧"巡回展演、福州三坊七巷大型非遗展示、三明市非遗馆及尤溪大田等地义演、"乡村振兴,非遗同行"等各类公益演出。由尤溪县非遗保护中心新编的小腔戏剧目《偷番薯》参加了2019年戏曲百戏(昆山)盛典;新编小腔戏剧目《初心》参加第二届"华东六省一市现代地方小戏大赛",荣获银奖。

(文/图:杨晓冬、杨业辉)

46. 大圣庙

猴，又称果然、禺、独、狨等，在中国传统十二生肖中排名第九，最早记载见于秦代文献《睡虎地秦简》《放马滩秦简》，古籍《吕氏春秋》《淮南子》《吴越春秋》等，都能找到其神奇故事。《齐民要术》《本草纲目》说：在马厩或马帮中养一只猴，可及时发现病马，防止瘟疫扩散，于是猴又得"避马瘟"别号。明代抗倭名将戚继光，曾训练有一支猴群"特种"部队，在一次战斗中凭借猴子偷袭敌营放火奇招，得以全歼倭寇。

《白虎通》云："猴，侯也，见人设食伏机，则凭高四望，善于侯者也。"猴，是自然界中最接近人类的动物，有言人类是从猴子进化而来，猴是人类祖先，《抱朴子内篇·对俗》云："猕猴寿八百岁变为猨，猨寿五百岁变为玃。玃寿千岁则变为老人。"汉民族普遍以为猴是吉祥物，其轻灵黠慧、戾性好动、乐观豪迈等特征，惹人喜爱，明代吴承恩《西游记》中的神猴——齐天大圣孙悟空，尤家喻户晓。

据林国平、彭文宇《福建民间信仰》介绍：福建"猴"崇拜可追溯到五代十国，当时泉州开元寺东西塔，就有猴的画像雕刻；宋人洪迈《福州猴王神记》中，也有永泰能仁寺内猴神的记载；福州《三山志》记有一只猴王入城纵火事件。宁德、福安一些地方称猴子为"师父"，建猴神宫烧香礼拜；霞浦小马村奉猴为守护神，称"白将军"；漳州南靖县山城三下畲族村，有尊明代半米多高"大圣公"彩画木雕像，腰部佩带一面照妖镜。《艮斋杂说》载："福州人皆祀孙行者为家堂，又立齐天大圣庙甚壮丽。四五月间，迎旱龙舟，装饰宝玩、鼓乐喧天，市人奔走若狂，视其中坐一弥猴耳。"《闽都别记》第

138回云：福州"城市乡村皆有齐天府，俗呼为猴王庙。有人来祈祷，信者得显应，慢者即降祸，故远近之人莫不敬畏，不敢轻慢。"2023年1月31日《福建日报》记者吴旭涛报道：顺昌境内宝山寺圣祖祭台，由自然造化"猿头"圣祖峰、人工砌筑祭台和香炉组成；宝山南天门右侧有一石头小屋，内为"双圣"墓，两通石碑分刻"齐天大圣""通天大圣"，断损石建筑构件上阴刻纪年款"大明洪武二十四年（1391年）""维大明嘉靖二十七年（1548年）"，包括墓冢形制、碑铭图案等，为元末明初历史遗存，早于吴承恩《西游记》成书200多年。据专家考证，朱鼎臣本《西游记》（即《唐三藏西游释厄传》），杨致和本《西游记传》（即《新锲唐三藏出身全传》）均为建本。另明正德版《顺昌邑志·贡赋志》记载"通天神会课钞二十三锭三贯二百文"，说明通天大圣信俗活动，已作为官府日常管理事务，并特设"通天神会"税种征收。每年农历七月十七，顺昌各地都会举行巡游、打糍粑、过"火山"、打油锅、化替身等"大圣"庆典活动，并把这一信俗文化带到台湾、泰国、新加坡、马来西亚等地，还被国台办确认为全国对台交流重点项目。据统计，顺昌境内登记在册的大圣文化历史遗存120余处、"通天大圣"祭坛66处、祭坛遗址18处、庙宇9处，以"通天"命名地方72处。

顺昌宝山南天门"通天大圣""齐天大圣"碑刻

2023年8月15日《福建日报》记者宋宇洁、黄建兴在《福建大圣文化新调查》一文中，介绍了福建师范大学社会历史学院最新研究成果："从目前掌握的有关资料看，福建民间的大圣文化当以南平顺昌、福州及宁德等地最具典型性。""宋元以来，福建各地民间相继流传崇猴习俗，南平、福州、宁德、莆田、泉州等地的大小猴神庙香火旺盛。""据不完全统计，迄今台湾地区主祀大圣的庙宇有30余座，泰国、新加坡、马来西亚等东南亚地区的大圣庙宇则超过400座。"

罗联浔先生在研究三明民间信仰时发现：三明猴崇拜历史悠久，不少地方建有齐天大圣庙，如尤溪县新阳镇大建村留有距今500多年的大圣庙、八字桥莲花山有供奉大圣的露天炉，永安槐南镇普禅山留有一座大圣庙。三明市区圆通寺、将乐含云寺等亦兼有大圣庙或大圣供奉点。

在三明市区文笔山、列西祖峰顶，有南北两座齐天大圣庙，交相辉映，香火鼎盛。据《三元大圣庙碑记》云：该庙始建于清道光年间，为邑人李绍武所建，至今已一百多年。因年久失修，原庙宇倒塌，庙基难寻。1980年信众在乱草丛中寻到旧庙基，决定在原基础上重建大圣庙，克服重重困难、经几个月努力后，搭建成一座油毛毡盖顶的临时庙堂。1983年，又修建成简易砖瓦小庙，但因庙宇窄小，1996年下半年始又通力合作，历时一年之久，重建齐天大圣等三座庙宇，于1998年6月11日竣工。

三元文笔山大圣庙

据《列西记忆》载：列西祖峰顶，又称新庵，相传清光绪年间列西农民常在此砍柴，见山峭奇绝、烟雾缭绕、瑞气氤氲，相商于此盖庙，以求神灵护佑，不久就用石头垒了个小庙。民国十八年（1929年），罗吉怡等将石垒小庙翻盖成木结构庙宇，后又集资装修扩建，并雕齐天大圣、观音和五谷仙神像奉祀。1949年以后，各地破除迷信，列西信众连夜藏匿庙里神像，但1966年"文化大革命"，大圣等神像被搜出烧毁，该庙也被夷为平地，其木料、瓦片等运去岭头盖养猪场。1998年，三明化工厂职工姚西湖与列西罗焕传等，共同发起成立祖峰顶大圣庙重建理事会，信众捐资60多万元，于当年12月建成一座面积264平方米砖混结构庙宇。正殿中央神龛，奉祀头戴金冠、身着蟒袍、手持一葫芦的齐天大圣坐像；立式大圣像，则身穿盔甲，左脚抬起，右脚踩在一片五彩云上，左手举在前额作搭凉棚状，平视前方，右手执一根如意金箍棒，昂首挺胸，圆睁双眼，威风凛凛，令人肃然起敬。左边神龛供奉观音菩萨，右边供奉中华人文史祖之一五谷真仙神农氏。天井两侧，右廊庑供奉至圣文宣王孔子神像，左廊庑祀奉福德正神。每年正月初一至初四，以及六月十二日大圣诞辰日、十二月十六日庙宇重建纪念日，祖峰顶都要举行庙会活动。2010年，又在大圣庙右下方，依山而建一个72平方米砖混结构"新兴庙"，庙正中奉祀清水祖师，右神龛奉祀郑相公，左神龛奉祀土地公神像。

列西祖峰顶

整个庙宇内，置有至圣文宣王72诗签、齐天大圣28诗签、清水祖师48诗签，以及五谷仙诗签总曰、本身、家运、婚姻、求财、生意、求嗣、求寿、功名、疾病、风水、移居、六畜、出门、失物等各20签；观音60诗签，多历史典故，注释详尽。从中可以看出，此乃一座儒、道、释三教合祀庙宇，各地少见。

（文/图：林日上、林小妹）

47. 三明市真菌研究所

三明市真菌研究所前身是三明真菌试验站，1962年12月依据福建省科委批文筹建，1963年底正式挂牌成立，隶属福建省科委，由三明专区科委代管。主要从事野生真菌资源普查与驯化、食用菌遗传育种、高产栽培技术、病虫害防治等研究，累计珍藏野生标本3000多份，1963年全国食用菌行业所使用的菌株70%为该站人员选育，享誉海内外。

三明真菌试验站是国内最早成立的真菌领域独立研究机构，主要筹备人员有林树钱、黄年来、许承语、吴经纶、徐碧如、黄兰妹、颜新泰、傅妹治、颜少琨等，科研人员多是高校毕业分配而来。三明真菌试验站1969年2月下放三明专区生产指挥部，更名为福建省三明地区真菌试验站，归三明地区科委主管，经费、人事归地方政府。1978年全国科技大会召开，福建三明地区真菌试验站正式更名为福建三明真菌研究所。

研究所全貌

成立初期，真菌试验站开展了香菇菌种选育，并进行了段木、原木人工接种试验，获得成功并大力推广。20世纪70年代由外贸部主持的"全国香菇新法栽培推广会"在三明召开，研究人员展示了香菇新法栽培制种、接种等工艺；新法栽培现场示范基地设在尤溪县双里村（现为双鲤村），由时任尤溪县副县长赵天珍和真菌试验站颜新泰等主持。

段木、原木香菇栽培

由黄年来、吴经纶同志带队，在野外山林开展真菌资源普查，采集标本，拍照记录，编辑出版了《福建菌类图鉴》，其中福建菌类图鉴第一集、第二集分别获1978年福建省科技成果奖（当时未分等级）和1979年三明市科技成果二等奖。

《福建菌类图鉴》

20世纪60年代，三明银耳（白木耳）率先育种成功，栽培技术取得突破。银耳长期以来难以人工栽培，既稀有又珍贵，在平均工资仅20多元的年代，一斤银耳售价124元。三明真菌试验站成立之初即承担省科委下达的银耳课题项目，由吴经纶任组长，徐碧如、黄年来、黄兰妹等参与研发。在工作条件极其简陋和经济困难情况下，研究人员不辞劳苦、上山采种，足迹踏遍南方各省深山老林，采集野生银耳进行分离菌种研究；在栽培技术上主攻银耳出耳率研究。历经不懈的艰难探索，终于发现银耳必须由银耳菌丝和羽毛状菌丝混合才能实现百分之百出耳率，填补了国内外研究空白，突破了人工高产栽培禁区。1965年在华中农业大学著名教授杨新美主持的培训班上，三明真菌研究所介绍了银耳菌种分离和独特的银耳混种栽培技术。随后全国各地纷纷来三明引种或学习栽培技术，其中古田县大面积种植推广，获得"中国银耳之乡""世界银耳在古田"美誉。

改革开放后，三明真菌研究所迎来辉煌发展期。"香菇新菌株Cr-01、Cr-02及杂交操作工艺研究"获得1983年福建省科技成果三等奖。Cr-01和Cr-02菌株的成功选育以及之后古田县菇农采用的以木屑为原料，实现了袋栽技术的成功，推动了全国木屑栽培香菇的发展态势。许多贫困山区菇农引进良种栽培并取得丰厚的经济效益，为香菇产业迅速发展作出了巨大贡献，同时也防止由于砍伐树木栽培香菇造成的生态破坏，功不可没。在后期的研究中，"香菇优良菌株L26和闽丰1号的选育"获省科技进步二等奖；1997年"香菇优良新菌株Cr-20、Cr-62的单孢杂交选育及在生产上的应用"再获省科技进步三等奖，三明真菌所的香菇良种在全国各地推广，为广大菇农带来了显著经济效益。

金针菇，日本称增智菇，在香港市场叫超级食品。20世纪70年代中期，日本金针菇年产量达7万多吨，位居世界第一，而中国产量为零。70年代末，三明真菌所把该项研究作为主攻方向，利用多年来野外采集的金针菇菌株进行选育，1984年成功选育出国内第一个定型并经专家鉴定的优良菌株"三明一号"（获1984年福建省科技进步三等奖），并推广至全国各地，还与泉州罐头厂合作生产出我国第一批金针菇罐头3.46吨，远销东南亚。为提高品质，1985年又从日本引进金针菇菌株与"三明一号"杂交选育，1987年选育出国内第一个优良杂交19号菌株,被全国31个省市引进栽培。1988年我国金针菇产量超过日本,位居世界第一。"金针菇杂交19号新菌株选育"获1990年省科技进步二等奖;合作完成的"金针菇高产栽培及其加工技术开发"获1989年国家星火三等奖;与泉州罐头厂合作的"甘蔗渣栽培金针菇研究"获1989年福建省星火科技奖。目前,中国金针菇生产已步入全自动化、机械化生产阶段,每天产量千吨以上。由于三明真菌研究所在银耳、香菇和金针菇育种方面取得的辉煌成绩,促成了1985年全国食用菌首届育种会议选址三明市并胜利召开。

20世纪80年代末,黄年来所长在国内率先提出发展珍稀食用菌新概念。三明真菌研究所开展了对杏鲍菇、大球盖菇、大斗菇、巨大口蘑、茶薪菇、虎奶菇等的研究。其中"珍稀品种杏鲍菇选育与栽培研究"获2003年福建省科技成果二等奖;"珍稀食用菌新品种荆西口蘑的生物学特性与栽培技术研究"获2004年三明市科技一等奖和2009年省科技三等奖;"真姬菇优良菌株的选育和推广"获2005年省科技三等奖。同时,其他研究项目也取得成果,"福建省大型真菌分类研究"获2001年省科技二等奖;"胡枝子无粮袋栽黑木耳"获得1988年国家金奖;"食用菌专业人才培训"获1988年国家培训奖。在防治病虫害方面,"香菇木霉病及其防治研究"获1996年省科技三等奖。由林树钱领衔的药用菌研究,"治疗冠心病、慢性支气管炎的新药——银密片的研制"获1982年省科技进步四等奖;"真菌新药——冠脉乐的研制"获1985年三明市科技二等奖;《茯苓有性繁殖研究初报》发表在CN刊物《中药材》(1992年第2期)。此外,巨大口蘑(猪肚菇)、鲍鱼菇8120菌株、毛木耳781、黑木耳8129菌株的选育和羧甲基茯苓多糖研究居国内先进水平。

三明真菌研究所研究成果丰硕。共出版50多部食药用菌著作和发表数百篇学术论文,如黄年来主编,吴经纶、黄兰妹、姜华芳、郭美英、颜淑婉、林津添、黄秀治、蔡衍山、曾金凤、吴淑珍等参与编写的《自修食用菌学》(南京大学出版社1987年版)、《中国食用菌百科》(农业出版社1993年版)等。尤其是2000年中国农业出版社出版的"新世纪菇业科技大系"共8本书,三明真菌研究所的"中国银耳、香菇、金针菇生产"著作就占了3本。

(文/图:三明市三真生物科技有限公司)

48. 孔方春秋　观泉读史

"泉"是古人对"钱"之雅称，早在战国时期就有人提出"财币欲其行如流水"，古人认为钱如泉水由四面八方汇聚而来再流向四方，希冀财富如泉水般源源不断。福建三明地区收藏、研究古钱币氛围浓厚，有着庞大的收藏爱好者群体，如永安槐南镇西华村的古银币收藏、贸易产业兴盛，被誉为"中国古银币第一村"，在全国都颇具知名度。三明舒乙泉社以收藏、研究、展示、推广中国古代钱币为主业，收藏有历代古钱五万余枚，成为三明市古钱币文化爱好者交流和研讨的"宝地"。

中国钱币历史悠久、品类繁多，且独具一格，对周边邻国钱币文化产生深远影响，代表东方钱币文化，与古希腊、罗马为代表的西方钱币文化并称世界两大钱币文化体系。纵观中国历朝历代，每个政权无论存续时间长短，几乎都铸行钱币，既出于经济需要，又通过铸钱宣示政权正统性。因此，整个中国货币史发展脉络清晰、源流有序。货币形制演变、质量优劣、铸量多寡是古代政治、经济"晴雨表"，真实反映朝代兴衰变迁。除此之外，从古代钱币还能看出古代币制变革、金属冶铸技术发展、文字书法形式演变等。

商周贝币

贝币，是中国最早货币，根据史料记载及目前考古发现，夏代晚期，海贝就作为货币使用。在原始社会，海贝是一种美丽装饰品，来自遥远东南沿海部落，对内地部落尤显珍贵。随着社会进步、生产力发展、商品社会形成，海贝小巧便携、坚固耐用和易于计数保存等优点，在以物易物中脱颖而出，成为广受认可的中介物，逐渐充当一般等价物。到了商代，海贝作为货币使用已较为普遍，距今约3500年前河南安阳殷墟妇好墓中就出土了6800多枚海贝，一些商代青铜器铭文也有关于赏赐贝的记载，可见海贝在当时已是财富象征。贝币计算单位为"朋"，1朋折合大海贝5枚或小海贝10枚。人们将海贝背部打磨，便于穿系携带。中国汉字中许多和钱财有关的字都带有"贝"字部，如赃、贡、赌、贫、赠、贵、货、贱、购、账、贩、财、赊、货、贿、赂、赈、贾等，这也是海贝曾作为货币的最有力佐证。

新朝"货布"

西汉末年外戚王莽篡权夺位后，为了敛财并削弱汉朝旧贵族势力，以"托古改制"为名进行了四次币制改革，主要目的是通过发行虚值大钱掠夺财富。王莽规定列侯以下一律不得持有黄金，将黄金收归国有。还不断将发行钱币面值提高，大小重量减轻，并将原本退出历史的刀、布币乃至龟、贝都在改革中恢复。由于币制复杂混乱，并且严重剥削了普通民众财富，促使新莽王朝迅速走向灭亡。虽然王莽币制改革失败了，但新莽时期钱币成为钱币铸造史上一座巅峰。其最具特点的是货布，铸于天凤元年（公元14年），是王莽第四次币制改革产物，面值二十五文钱。货布造型模仿春秋战国时的布币，从古代铲形农具"镈"之造型演变而来。整体材质精良，采用高锡青铜，铸造时流动性强,使钱文细节神韵纤毫毕现。钱文笔画挺拔清晰,钱文采用悬针篆书,悬针篆是小篆一种,悬针是形容文字竖画笔锋犹如倒悬钢针,笔画线条苍劲,比例得当,极具装饰美感。铸造工艺亦臻极致,边道及穿孔都经过精心打磨与修饰,使得钱币精整规制。也正因货布独具艺术精品美感,被后世金石学家所珍爱。又因造型极具识别度和符号性,曾被银行、金融机构用作行业标识,人民币水印纹样也曾用过货布造型。

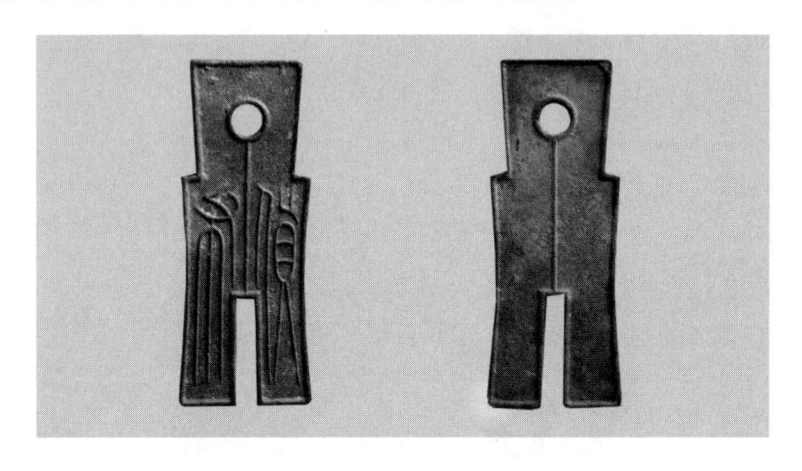

五代闽国铅质"开元通宝"

唐朝末年天下大乱,各地大小义军纷纷起义。河南固始县的王审知三兄弟,跟随义军一路打到福建境内,并陆续攻占福建各地。因王审知颇有将才,屡立战功,在军中威望高,而继承族兄王潮之位,被朝廷任命为威武军节度使,加封琅邪郡王,掌管福建军政大权。唐天祐四年(907年)四月,梁王朱温代唐,称帝建国,国号大梁,史称后梁,唐朝就此覆灭,中国历史进入五代十国时期。后梁开平三年(909年)四月初四,梁王朱温加封王审知为闽王。王审知治理福建奉行保境安民政策,对内为政以德,与民休息,劝课农桑,轻徭薄赋,深得民心。对外与周边地区建立友好睦邻关系,力排众议"宁为开门节度使,不作闭门天子",不称帝,不设国号,并向拥有中央政权的唐、梁献表进贡,使得福建地区在五代乱世中成为社会安定、经济繁荣的"世外桃源"。为维持当地财政、外贸和军需,王审知决定开铸钱币。币材以铜钱为主，铸钱需要大量铜料。福建地区缺少铜料，主要因自唐以来社会崇尚佛教，王审知也笃信佛教，还在福建地区兴建了许多佛寺和佛塔，铸造金铜大佛，消耗了大量铜料，此外还要优先供应军需。另一方面，当时福建地区几乎没有铜矿资源。早期福建铜料主要从江西、安徽、湖北等地购入，但战乱阻断了这些铜路。恰好当时闽国境内汀州宁化县发现了铅矿，王审知如获至宝，当即设置铅场，将铅矿纳入官办体系铸造铅钱。在钱币名称上，王审知依然沿用唐代"开元通宝"，既向外昭示其"不称帝，不设国号"的政治理念，也宣示开辟新纪元之意。同时，在钱背面穿上铸有"闽"字，穿下铸有月牙形炉记，这也是晚唐时期各州铸钱常用格式，每枚大铅钱作价十文。

北宋"大观通宝"

北宋时期社会相对安定，经济较为繁荣，安定富足的生活促进文化艺术的发展。人们对生活中的美有了更高追求，诗词、书画、瓷器、茶道等成为艺术史上一个独特美学符号。北宋时期商品经济发达，铸钱数量空前。自宋太宗始每年铸钱80万贯，到宋神宗熙宁六年（1073年）更是达到600多万贯，是唐玄宗时期铸钱数量的20倍。钱币是日常生活中使用最为频繁的普通物品，何况北宋时期铸钱数量数以亿计，本应在工艺上无太多讲究。但北宋钱币铸工精湛，钱文上的书法更是一绝。清代书画名家戴熙曾说过："书有三难，印篆难、榜书难、钱文难……三者之中钱尤难矣。"虽然钱文只有四个字，但圆形的造型要想使钱文美观和谐需要书写者把控好文字间的章法布局，难度极大。北宋钱币钱文上的书法字体可谓真、行、草、篆无所不包，钱币成了书法大家展现实力的平台，许多名家在钱文上留下墨宝，如苏轼、司马光等。甚至一些帝王也曾题写过钱文，如宋太宗、宋徽宗，尤其宋徽宗艺术造诣极高，其独创瘦金体天骨遒美、逸趣霭然，具有强烈的个性色彩。在宋徽宗时期铸造的钱币中，崇宁通宝、大观通宝均为瘦金体书写，大观通宝钱文铁画银钩、劲瘦淡雅，外缘和穿郭细挺，与钱文搭配和谐，加上铸工精湛，文字深峻如刀斩，更显气质不凡。

北宋"靖康元宝"

北宋末年朝廷腐败，奸臣当道。宋徽宗无心政治，依旧过着穷奢极侈、荒淫无度的生活。以童贯、蔡京为首的奸臣结党营私、贪赃枉法、横行霸道、肆意搜刮民脂民膏，导致民不聊生，各路义军纷纷揭竿而起，大宋江山走向衰落。北方女真部落金国对北宋早已虎视眈眈，宣和七年（1125年）金兵分东、西两路南下攻宋，由完颜宗望领军东路攻燕京、完颜宗翰从西路攻太原。金兵渡过黄河，一路势如破竹直取汴京（今河南开封），宋徽宗见局势危急，束手无策，于1126年匆匆传位太子赵桓，建元"靖康"，是为宋钦宗。靖康元年一月金兵攻下汴京城，靖康二年（1127年）金太宗下诏废宋徽宗、宋钦宗二帝，贬为庶人。金兵在汴京大肆搜刮，将城中公私积蓄掳掠一空，并掳获徽宗、钦宗二帝及后妃、皇子、宗室、贵卿等数千人北返，北宋宣告灭亡，史称"靖康之难"。新钱币铸行需经设计、制样、审核、制母、开铸等流程，而靖康年号存续时间不足一年，许多钱币在试铸阶段北宋就灭亡了，因此仅有几个版本少量铸行流通，存世极为稀少。靖康钱材质有铜、铁两种，面额有小平、折二、折三，钱文书法包含篆、隶、楷书，是品靖康元宝发现于三明宁化县。

金代"泰和重宝"

金朝自公元1115年金太祖完颜阿骨打建国以来，长达四十余年没有铸行货币，一直沿用辽宋旧钱。到金朝第六位皇帝金章宗完颜璟，才于泰和四年（1204年）铸行泰和重宝钱。据《金史·食货志》记载："泰和四年八月铸大钱，一值十，篆书曰'泰和重宝'与钞参行。""泰和重宝"钱文"泰和"寓意祥和、安泰和顺，有国泰民安意味。钱文书法由金朝文坛领袖、书法大家党怀英所书，采用玉箸篆体。玉箸篆是小篆一种，箸即筷子，因其笔画圆如玉箸而得名。泰和重宝钱文笔画圆润老到，线条流动，柔中寓刚，洒脱透逸。金人虽有自己文字，但占领中原后，受汉族先进文化影响，汉化程度进一步加深，加上金宋贸易频繁，所以金朝钱币，多以汉文为主。"泰和重宝"不单书法优美，铜质精良，铸造工艺也堪称一绝，整体穿郭周正，地章平整，字口深峻，可与北宋徽宗时期铸造钱币相媲美。这主要与当时金人将大量北宋铸钱工匠掳往北方有关。

"咸丰通宝"宝福局一百文大钱

咸丰初年,太平天国战火蔓延广东、湖南、湖北、江西、安徽、江苏等省。福建省外被太平军战火包围,随时蔓延至省内,省内又有天地会、金钱会等会党作乱,一时人心惶惶,百姓纷纷囤积钱粮准备随时逃难。许多钱庄出现挤兑,银两和铜钱被提取一空,市面严重钱荒,导致社会经济秩序大乱。闽浙总督王懿德将库存新钱投入市场仍无济于事,经福建地方官员与乡绅商议,拟通过增加铸钱数量缓解钱荒困境。但福建地区铜矿资源紧缺,外省铜料又因战火受阻,唯一办法就是铸造大钱。以往各省、各局铸钱都要向户部进呈样钱审核获批后方可开铸,但因情势危急,宝福局(福建钱局)未征得中央同意便开铸大钱,面额分别为十文、二十文、五十文、一百文。直到咸丰三年(1853年)六月十八日,闽浙总督王懿德才向朝廷奏报:"惟事关创始,自应奏明请旨,再行筹办。但闽省军务紧急,经费不资,民用支绌""在籍绅士尚书廖鸿荃等呈请变通,以济时艰"。福建先斩后奏的做法朝廷不但没有怪罪,还下诏书褒奖福建及时铸造大钱,并鼓励其他各省效仿,开铸大钱。上谕曰:"福建素称瘠区,(开铸大钱)办理已有成效,各省情形虽有不同,亦何难设法办理。"此时恰好朝廷为筹措镇压太平天国叛乱军费而发愁,因战乱币材紧缺,内地许多省份铸钱都依赖云南铜料,开铸大钱既解决币材问题,又为朝廷缓解军费困难,不失为应对危机的"良方"。

宝福局铸造的咸丰大钱，铸造工艺精湛，整体造型雄浑大气。无论是直径、厚度和重量，都远优于中央及其他各省钱局，甚至一枚宝福局五十文大钱要比户部宝泉局一千文大钱还重，如"咸丰通宝"宝福局一百文大钱重达200多克，在历代流通钱中算是"巨无霸"。由于是擅自开铸大钱，为让民众接受，在材质用料上分外谨慎，用的是大炮熔铸、有防伪作用的紫铜。因为自行设计开铸，未经户部审批，在样式设计上也独具一格。早年在三明地区也多有发现宝福局咸丰大钱。

苏维埃二角银币

1931年9月，随着红军第一、二、三次反"围剿"胜利，形成了以瑞金为中心，由赣南、闽西革命根据地组成的中央革命根据地，它是中华苏维埃共和国党、政、军首脑机关所在地，也是全国苏维埃运动中心区域。中央苏区建立之初，根据地金融市场极为混乱，既有各工农银行的铜圆券、银元券，也有国民党的纸币和银元，甚至还有清朝铜元和一些军阀、土豪劣绅发行的劣币，它们同时在苏区市场流通。为了建立苏区财政金融制度，巩固工农革命政权，1931年11月7日至20日中华工农兵苏维埃第一次全国代表大会在江西瑞金叶坪召开，宣告中华苏维埃共和国成立。在这次会上，通过了《关于经济政策的决议案》，决定成立国家银行并发行货币。1932年2月1日，中华苏维埃共和国国家银行在瑞金叶坪宣告成立，毛泽民任行长。成立之初，国家银行包括行长在内只有5名工作人员，启动资金仅20万元，被称为"世界上最小的国家银行"。中华苏维埃共和国国家银行在瑞金市叶坪乡洋溪村开办中央造币厂，开始铸造钱币。苏区货币以银元为本位，纸币为银币券，1元银币券兑换1银元，银币券为国币。同时，发行面额为二角的银币和五分、一分铜币。此外，中央造币厂还铸造了"大头"（袁世凯像银币）、"小头"（孙中山像银币）及"鹰洋"（墨西哥鹰洋）等一元银币，用于中央革命根据地内外流通，以满足苏区外贸事业需要。由于当时币材紧缺，许多造币用的银、铜都从百姓手中换购，并优先用于对外贸易，中央苏区金属货币发行数量非常有限，1934年10月中央红军长征，中华苏维埃共和国国家银行停止在中央苏区发行和流通货币。中央苏区货币铸行时间短、数量少，红军撤离后国民党及地方势力对苏区进行了多次清剿，许多苏区货币被销毁，仅有少部分苏维埃钱币被百姓用布精心包裹藏于房梁上、墙缝中，得以存留下来。在三明地区特别是宁化、清流、建宁、沙县、明溪等地民间还留存有苏维埃二角银币、五分铜币和一分铜币，如今它们已成为珍贵的革命历史文物。

（文/图：王舒乙）

49. 沙县红边茶

"绿叶镶红边"描述的是距今约 200 年的历史名茶——沙县红边茶的主要特征,其外形紧结壮实、色泽乌润,香气浓郁带兰花香,汤色橙红明亮,滋味柔和、甘醇,叶底肥软,属闽北青茶。

沙县红边茶始于何时,尚无定论。综合三明茶志编纂委员会编纂的《三明茶志》(海峡文艺出版社 2020 年版)和张卿雄、官发松编著的《沙县茶志》(海峡文艺出版社 2017 年版)可知:沙县红边茶发源于沙县大洛乡白水漈村、三元中村乡草洋村一带,因其叶缘红边、叶腹青绿而得名。为清咸丰年间白水漈村黄姓乡民始创,历数代传承,民国时期因战乱而基本停产,1954 年全面停产,改革开放后恢复生产。

一方水土养一方人。十九世纪中叶沙县孕育出红边茶，得益于良好的生态环境、浓厚的茶文化和兴盛的茶产业历史积淀。沙县地处闽中腹地，介于闽南、闽北之间，有武夷与戴云两大山系环抱，闽江支流沙溪横贯全境，土壤肥沃，属中亚热带温暖湿润气候。红边茶发源地白水漈、草洋一带，高山绵延起伏，小盆地错落其间，平均海拔850米—1300米，年降水量1600毫米—1800毫米，最低温度零下6—8摄氏度，水热资源丰富，生态环境适宜茶叶生长。同时，沙县种茶、制茶、饮茶历史悠久。晚唐大诗人韩偓（842—923年）在沙县逗留一年，期间与当地士绅、高僧斗酒品茗，留下"数盏绿醅桑落酒，一瓯香沫火前茶"佳句。南宋名臣李纲（1083—1140年）宣和四年（1122年）末谪居沙县兴国寺寓轩，复官即将离沙时亦写下"诸公别后应思我，茗饮时时到寓轩"句。元末，沙县隐士张宗华曾在洞天岩（现淘金山）手书"吃茶去"。明《嘉靖延平府志》第二卷《土贡·食贡》有沙县茶上贡朝廷记载："沙县，叶茶百有八斤，白砂糖一千七百六十八斤……"而《讨茶歌》《掇槚歌》等歌谣，以及记录琅口祥盛茶庄失火的《火烧茶行》唱本等，长期在民间流传。此外，茶是圣洁之物，每逢春节、元宵、清明、中秋，或祖先生辰亡故日、观音诞辰日等，沙县人都要在祭祀仪式、清供物品中备有茶品；新房上梁时，在梁上安放茶等"七宝"；新媳妇要给公婆敬茶、舍茶等。

十九世纪中晚期，沙县茶业进入兴盛期。《沙县茶志》载：清咸丰元年至民国十年（1851—1921年），境内（含三元区）茶厂总数达720多座，茶园面积3万余亩，仅洋溪一乡就有茶厂300多座，茶行5家，茶农上万人，种茶面积11250亩，年产茶约2400担。沙县茶市还是当年闽西北、闽中一带茶叶贸易重要集散地，其中琅口街市就有茶行18家。据民国十七年（1928年）版《沙县志》载：清光绪十五年（1889年）沙县红边茶出口创最高纪录，达6万箱，计1200吨；清光绪二十八年（1902年）乌龙茶出口贸易也创最高纪录，达3.5万箱，计525吨。还涌现了魏秀榛（1824—1906年）、潘伊铭（1873—1951年）等一批优秀沙县茶商，水美土堡群和琅口茶丰峡"孝子坊"陈家大院、大基村胡氏大宅等，就是当时张洵华、张洵第等沙县茶商所建。

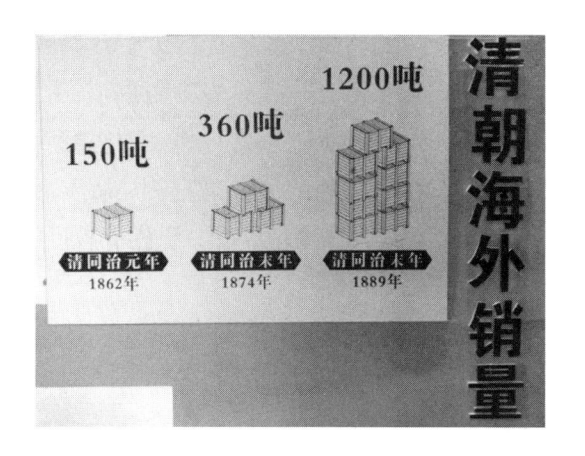

红边茶最早记载，见于民国十七年（1928年）版《沙县志》卷八《实业》："沙邑茶有两种，一名乌龙，一名红边。制乌龙则用火烘，制红边则须日晒，制法略异。而装箱运销口外，为吾沙出产品一大宗。"又云："红边茶始装于同治年间，时出一万八千箱（每箱40斤）。"前溯清咸丰七年（1857年）施鸿保著《闽杂记》："近来则尚沙县所出一种乌龙，谓在名种之上，若雀舌莲心之类。"

据沙县红边茶制作技艺非遗传承人林忠平挖掘整理，其传统初制工艺主要有：鲜叶采摘——晒青（萎凋）——做青（筛子晾青与翻拌做手反复6—8次，再摇青1—2次，置青、堆青）——炒青——揉揉——烘焙（初烘、复焙、足火）。其中，做青是形成红边茶"三红七绿"和特有香味的一道关键性工序。萎凋后先静置晾青，散去热气和异杂气，鲜叶还阳后再进行摇青。在筛子或摇青筒旋转或跳动等摩擦力作用下，使叶缘摩擦而细胞破坏，产生酶促氧化，通过控制摇转速度、时间，静置凉青，来控制叶缘细胞破坏程度和氧化发酵速率，使其内含物质有规律地缓慢变化，最终形成"三红七绿"。做青适度时，叶脉透明，叶面黄亮，叶缘朱砂红显现，向背卷呈龟背形，显花果香。传统干燥法分为：初烘——复焙——足火，待包装上市前，再轻轻吃火一次。高档红边茶一般以水仙、肉桂或高香新品种茶为主体，其他品种茶为辅；中档以梅占、金观音为主体，其他品种茶为辅拼配。三明市农业农村局茶叶站原站长、高级农艺师杜起洪认为，沙县红边茶与闽北乌龙茶（包括岩茶）不同点在于：一是鲜叶原料较武夷岩茶稍嫩，红边茶鲜叶采摘标准为小开面至中开面2—3叶（以小开面为主），武夷岩茶采摘标准为中开面至大开面2—3叶（以中开面为主）。二是在制作上晒青较武夷岩茶稍重，较肥壮芽梢采用"两晒三凉"，烘焙吃火的火功较武夷岩茶轻，并以多品种拼配后的成品规格茶投放市场，除特设高端茶外，没有单纯的品种茶。三是品质上较柔顺，不具霸气，清香中带花香，滋味更柔和、甘醇、细滑，汤色清澈橙红，较武夷岩茶汤色浅，叶底红边较明显。

2006年，沙县宏苑茶业公司开启红边茶研发工作，2008年该公司根据红边茶品质风格，结合现代加工手段和茶树新品种，深入挖掘，重塑沙县红边茶历史品牌。2010年产品规格基本定型，得到省内外茶学专家认可，并获上海世博会名茶评优金奖。2015年被国家工商总局认定为"地理标志证明商标"，2021年8月发布沙县红边茶系列团体标准，2022年"沙县红边茶"制作技艺列为福建省非物质文化遗产目录。目前，加工沙县红边茶的主要茶品种有水仙、金观音、黄玫瑰、肉桂、梅占、瑞香等，通过拼配成规格茶面市，年产量约1600吨，远销海内外。

（文：罗联浔　图：罗联浔、林日上）

50. 闽赣省苏维埃政府主席——杨道明

杨道明（1910—1999年），江西省兴国县永丰区荷岭乡隘前村人。1930年在兴国参加农民协会，同年9月被任命为老家荷溪财政委员，1931年5月调任兴国永丰团区委组织部部长。1932年4月加入中国共产党，5月当选永丰区苏维埃政府主席、县模范师师部秘书。1933年9月担任兴国县苏维埃政府主席，12月任江西省苏维埃政府内务部部长。1934年5月奉调中央内务部副部长，8月担任闽赣省苏维埃政府主席。坚持根据地斗争失败后，被迫隐入尤溪中仙、永泰之间的闇亭寺。1984年后，任永泰县政协常委、委员和佛教协会会长，福建省政协委员、省佛教协会副会长。

杨道明

杨道明在家排行老三，父亲、哥哥都是革命者，母亲是思想进步人士，从小深受革命思想影响。1930年2月，21岁的杨道明前往荷溪圩观看军民誓师大会，听着台上毛泽东慷慨激昂的演讲，激动不已，在兴国参加了农民协会。不幸的是，据《江西党史研究》1988年第3期《削发为僧之后——杨道明的回忆》载：1931年国民党大肆搜捕革命者及其家属，杨道明父亲不甘受辱被逼跳河自杀，母亲在动荡中因病去世，大哥因叛徒出卖被反动派砍去头颅，二哥出家为僧，两个嫂子和怀胎十月即将分娩的妻子被玷污后卖到外地

前排左一为杨道明，后排中为钟循仁

下落不明，一夜之间一家8口被残害。杨道明含泪离开家乡，毅然加入革命队伍，打土匪、惩恶霸，冲锋在前，还生擒了国民党第十八师师长张辉瓒。当时，毛泽东在兴国县永丰区调查土地斗争情况，觉得杨道明是一名忠于革命的好苗子，便推荐给时任兴国县委书记陈奇涵。因工作肯吃苦，加上毛主席亲笔推荐，杨道明不久就先后担任了永丰区、兴国县苏维埃政府主席。在第二次反围剿中，杨道明在兴国动员6000多人参加红军，补充粮草，掩护撤离，脚踏实地完成好组织交办的各项任务。随后，奉调中央内务部副部长，时年24岁。

据王盛泽、毛立红著《福建三年游击战争史》（福建人民出版社2020年版）载："中共中央称之为'中央苏区的战略钥匙，是永远不能放弃的'。1934年4月26日中央人民委员会第四十次常委会鉴于闽赣地区地处武夷山脉，进可攻，退可守，西能支援闽西……有着重要的战略意义，决定将建、黎、泰、金、资、光、邵、闽北苏区以至信抚两河一带地区划为闽赣省。"4

月底，中共闽赣省委宣告成立，顾作霖、邵式平、黄道、刘炳龙、刘帮华任省委常委，萧劲光、方志纯等为省委委员，书记顾作霖，组织部部长黄道，妇女部部长张荷凤，下辖中共闽北分区委、中共资溪中心县委、中共建宁中心县委以及几十个县区委。"同年12月1日，闽赣省第一次工农兵代表大会在建宁召开，正式成立闽赣省苏维埃政府。"从此，闽赣省成为中央苏维埃政府所辖的四个省之一，闽北、闽西北大部地区划归闽赣省，成为中央苏区重要组成部分，发挥着中央苏区东北战线前哨阵地的作用。另据《削发为僧之后——杨道明的回忆》介绍：1934年8月，经毛泽东主席亲自批准，年仅25岁的杨道明被派往闽赣苏区担任苏维埃政府主席。杨道明深感自己年轻，不能胜任这一重要工作，特地去找毛主席说自己参加革命时间短，没有工作经验，请求能另找更适合的人担任这一职务。毛主席没有同意，还鼓励他在斗争中成长起来。在毛泽东主席鼓励下，杨道明接受了这个光荣而艰巨的任务，于当年8月中旬到宁化向时任闽赣省委书记邵式平报到。

杨道明、钟循仁早年参加革命照片

1934年12月至1935年1月，蒋介石调集第五十二、四十七、四十五、九师及宁化、石城、长汀、连城等地武装，共5万多人，"清剿"闽西北苏区。敌师长卢兴荣率敌五十二师主力，在土豪劣绅和地主武装配合下，进攻宁化、清流、永安一线，围剿闽赣省第十二、十七、十八三个团。由于闽赣省肃反运动扩大化，大批干部被错杀，后虽经张闻天到宁化视察并纠正得以制止，但已造成干部严重不足等后果。加上省军区司令员宋清泉、政治部主任彭祜、参谋长徐江汉（宁都起义部队下级军官）等人，仍奉行王明"左倾"错误军事路线，又畏敌如虎，命令部队"囤粮坚守"，与敌人拼消耗，致使闽赣省武装遭受严重损失，处境十分危险。王盛泽、毛立红著《福建三年游击战争史》（福建人民出版社2020年版）证实："闽赣战委等于虚设，省委、警备司令部、省保卫局各自独立行动，许多重要问题（如战争动员、肃反等）不仅不经过战委决定，而且不通知战委，表明机关负责同志对于党的观念的薄弱。未能建立起集体的领导，结果使各种工作不能互相配合，并且因为脱离了党的领导，产生许多严重的错误。"中共福建省委党史研究室著《中共福建党的建设史（1926—1949）》（福建人民出版社2020年版）载：中共闽赣省委、省苏维埃政府、闽赣省军区及所属部队于1934年29至30日分东、西两路撤至泉上、方田，辗转于宁化彭湃（安远）、长坊、水茜棠地和建宁、清流等地，开展游击斗争。在宁化泉上，游击队遭敌纵火焚烧；在棠地遇敌伏击，团长王子成等数十人牺牲，张荷凤等六七十人被俘，12月底清流、归化先后失守。鉴于红军长征后国民党新编五十二师上万人"围剿"和闽赣省兵力、武器、粮食等严重不足，1935年1月28日闽赣省委赖昌作、杨道明、宋清泉、彭祜、徐江汉、方志纯等召开紧急会议，决定精简机关，安置老弱病残人员，将省委、省苏维埃政府、军分区、省工会人员统一整编为省委工作团。会议还决定避敌锋芒，在宁化、清流、归化等空隙地带与敌周旋，开展灵活对敌斗争；实施战略转移，派出小分队到沙县夏茂、尤溪坂面寻找转移地点。然而，总体行动仍无法摆脱"保卫闽赣苏区，配合主力红军，粉碎敌人的五次'围剿'"原先斗争方针的束缚。

1935年1月，中共中央分局决定调钟循仁任闽赣省委书记兼军区政委。

钟循仁

2月，中央派一个营兵力护送钟循仁赴任，到任时全营仅剩几十人。钟循仁（1905—1981年），江西兴国人。1927年加入中国共产党，1928年参与领导兴国高兴圩农民暴动，1932年任兴国县委书记，1933年5月任粤赣省苏维埃政府主席、8月调任闽赣省委书记兼军区政委。

钟循仁到任后，率省委工作团和军分区机关、主力部队转战闽赣两省宁化、彭湃、建宁、归化、石城、广昌、清流等地。在归化盖洋、向叶、夏坊、水口一带，与国民党第三十六师遭遇，双方发生激战退往泰宁，在龙安附近又遭国民党第五十二师截击。3月间，转入归化、泰宁、将乐交界的龙栖山达半月之久，还召开500多人军民大会。此间，闽赣省委接到中央分局最后一个电报："闽赣要独立自主地坚持斗争，中央分局此后将不能用电报再与闽赣省联系"，要求根据地必须坚持下去，哪怕十年、十五年。如果万一不行，可前往闽南，与陶铸领导的闽南特委会合。此时，国民党军队包围圈日益缩小，闽赣省部队屡遭国民党五十六师和七十五师伏击，损失很大，"独立十二团在归化县城附近遭国民党军队围攻，在向北撤退后失去联系，第十七、十八团在清流山背遭到国民党五十二师的伏击，伤亡惨重"。闽赣省委就此召开会议讨论，会上方志纯建议：省委游击队向闽北、闽西突围，与黄道部队靠拢。但闽赣省军区司令员宋清泉当过项英通讯员，有过苏联学习经历，骄傲自大、心胸褊狭，不根据实际情况变化，坚持到闽南去开辟新游击区。闽赣省委书记钟循仁虽革命多年，斗争经验丰富，但初来乍到情况不熟，加上闽赣苏区领导层闹派性由来已久，于是默认了掌握实权的省军区司令员宋清泉等人意见。

随后，钟循仁、杨道明等人率闽赣省委工作团，随省军区部队及伤病员，来回于江西边界、宁化、建宁、归化、将乐、顺昌、南平元坑一带，打土豪筹款，袭击敌人交通线。在顺昌境内，夜间在一个小村河边两岸宿营时，突遭国民党顺昌驻军、地方民团武装分割包围。北岸一个团由闽北独立师政委曾镜冰率领突围，前往闽西与邓子恢部会合。建国后曾镜冰先后任福建省委秘书长、副书记和省政协主席，1967年5月含冤去世。驻扎在南岸的闽赣省委工作团和游击队共600多人，突围到沙县停留了十多天。他们在南平王台召开会议，拟向闽南挺进，并派人联系闽南党组织未果，便转移到卢兴邦老巢尤溪境内，驻扎在坂面京口村张氏祠堂。据坂面京口闽赣省苏维埃政府旧址红色文化展馆介绍：张氏祠堂建于清嘉庆年间，坐落在一个山坳向阳坡底，三进院落，主体为悬山顶石木结构。每年除清明和七月半祭祖外，平时少人到此，相对隐蔽，且有近百个房间，勉强可以容纳600多人，闽赣省队伍在此休整了15天。一天，省委工作团领导正在讨论下一步行动方案，负责警戒人员报告不远处有形迹可疑人员。钟循仁、杨道明、方志纯等人立即决定带领队伍撤离，匆忙往草洋村方向转移，在一个山坳里遭到卢部林德芳特务营伏击，300多名游击队员牺牲。钟循仁、杨道明等近300人杀出重围，方志纯在战斗中腿部受伤掉队，被特务营押到卢部尤溪留守处，关押在尤溪监狱，但他一口咬定自己是位教书先生，两年后得到进步群众营救，并在新四军帮助下辗转去了延安。方志纯1933年初随红十军到中央苏区，先后任红三十一师师长与政委、闽赣省委常委兼黎川中心县委书记、黎川军分区司令员兼政委和闽赣省军区组织部、宣传部、地方工作部部长等职，富有革命斗争经验。

坂面京口闽赣省苏维埃政府旧址

《福建三年游击战争史》载：1935年5月初，闽赣省委工作团和游击队几经周折，撤到永泰、德化、仙游三角地带，不幸又被仙游、德化民团和国民党保安团包围。杨道明让钟国楚带队先行突围，自己与钟循仁、宋清泉等人退守紫山。险恶斗争环境使省军区少数领导经受不住考验，丧失信心，对革命悲观失望。在转移途中，钟循仁对宋清泉、徐江汉、彭祜等人的悲观情绪、错误行为，提出严肃批评和严正警告。当此之际，"枪指挥党"问题更加突出，省委工作团退入紫山第三天，就有一个穿中山装国民党军官和2个抬着一头大肥猪的士兵上山，到离省委营地不远处军区宿营地，与宋清泉、徐江汉密谈一夜。次日凌晨，宋清泉派指导员杨良生与那位军官下山，到仙游县民团司令部，暗中策划投敌叛变。杨道明发现情况后责问宋清泉："你着急派杨良生下山干嘛，去仙游联系投降？"宋清泉否认说："只想应付一下。"杨道明严肃地说："不经过省委工作团研究，对这么重大的事情能私下做决定吗？我不知道你们打的是什么算盘！"当晚，宋清泉、徐江汉把闽赣省军区大部分队伍秘密拉下山并投敌叛变，被国民党第9师缴械收押。随后，彭祜带着老婆江翠英、2个警卫员也偷偷下山，背叛了革命。直至次日清晨，杨道明等人才发现山上只剩下省委工作团和省军区一些不愿投敌的战士。

此时，闽赣省委工作团和游击队仅剩60多人，他们与国民党第九师四十九、五十两个团展开殊死战斗，20多人壮烈牺牲、10多人被俘，钟循仁失踪。敌人继续增兵，把紫山围得水泄不通，杨道明认为敌人不会善罢甘休，决定率领20多人趁夜突围，结果又有10多位战士牺牲。最后，杨道明带着九死一生的7名战士，退到玉湖村一座大山隐蔽了一天，天黑时才摸到山脚，却惊喜地与钟循仁重逢。他们向老乡买了点地瓜充饥，并打听到一条抵达永泰嵩口的线路。在夜间分两批过大樟溪时，被岸上碉堡里的敌人发现，吴朝青、刘尊两位战士腿部中弹，留在当地百姓家中养伤。其余7人成功渡过大樟溪后，隐藏在东坡村一座大山里，几天后转移到月洲山，来到小白杜村。面对眼前处境，大家商议后决定尊重并同意陈长青等5位同志个人意愿和选择，支持他们化妆成农民离队返回赣东北老家。钟循仁、杨道明因在兴国等地威名远扬，无法回乡，决定留下继续寻找组织。

钟循仁、杨道明与5位战友挥泪作别后，钟循仁化名黄家法、杨道明化名谢长生，两人漫无目的地默默前行。一天傍晚，来到永泰西部秋垄，迎面看见九座寺，他们在此借住了一宿，次日住持妙智法师以过往行人繁杂、不便久留为由将他俩支走。1935年5月20日，钟循仁、杨道明拖着瘦弱身躯，

闇亭寺

悄然走进了尤溪与永泰交界处的闇亭寺。因与闇亭寺住持品香法师（1945年圆寂）早年在江西相识，品香法师留下了两人，并于当年农历七月初四，由觉音上人为钟循仁和杨道明剃度，钟循仁法号妙圆、杨道明法号磐扬。

项英、陈毅等人得悉闽赣省委失踪后，曾派人多方联系。但看到国民党"剿共捷报"上说"敌闽赣省机关及省军区已全军覆没，敌所谓省主席、省委书记均已被击毙"，加上当年南方三年游击斗争处境艰难、形势紧迫，就暂且放下了对钟循仁、杨道明等人下落的搜寻与调查。据《江西党史研究》1988年第1期《削发为僧之后——杨道明的回忆》载：1943年8月的一天，陶铸派地下党饶云山、郭伦沂到闇亭寺，磐扬法师因无法核验来人身份，不敢轻易相认，与其失之交臂。1944年，永泰盖洋土匪王成斌抢劫闇亭寺，不但抢走寺里二千元钞票，还把杨道明抓到大乾下路旁，绑在一棵杉树上，用手枪向他连开三枪后扬长而去。幸好三枪均未打中致命处，杨道明挣扎着用牙齿咬断绳索，星夜摸回寺里，次日被抬去嵩口医院治疗。解放后，又往省立医院将左手被打断的筋脉接上，并开刀取出子弹。1945年抗战胜利后，国民党又开始到处搜捕共产党人。由于龙溪县保安团告密，这年农历6月30日，福州保安团派一个警官队，协同永泰县保安队、嵩口警察所指控杨道明为游击队教练，将他逮捕押往福清，前后审讯七次。因杨道明始终承认自己只当了两年红军，且已改名谢长生（兴国姓谢当红军的人多），保安团找不到一点线索，最后只好以不起诉结案。杨道明坐了一年班房，吃尽苦头。出狱后，杨道明回到永泰高盖山下院寺闭关两年。钟循仁闻讯离开闇亭寺，先到德化戴云山，后辗转莆田广化寺，1949年7月返回闇亭寺。1949年以后，彭祜在湖南省某单位工作期间被揭发，审讯中他回忆了当年自己投敌时，向国民党所描述的如何"杀害"钟循仁和杨道明："那天我们三人（宋、徐、彭）知道第二天杨道明要突围，便提前悄悄地将大部队带到了山下保安团。在此之前我将钟循仁骗了出来，开枪打死了他，杨道明带领的队伍也没有几个人突围出来的，追击杨道明的保安团队员说杨道明最后也跳崖了，应该也死了。"兴国县曾把钟循仁、杨道明的名字，刻写在革命烈士英名碑上。

1949年以后，杨道明曾想给毛主席写信，但被钟循仁拦住了。钟循仁认为："自己与杨道明没有完成好组织交代的任务，辜负了组织信任，没有面目去见中央和乡亲。在抗日战争和解放战争中都没有出力，现在国家解放了，不能再出去争功，应安心在寺庙里度过余生。"1966年，一伙红卫兵"小将"冲进闇亭寺，要求"来历不明"、可能是"特务"的磬扬法师交代历史问题。磬扬法师表示只要给家里人写信，就能证明自己的身份。信到了杨道明已还俗的二哥杨真明手上，他立刻找到当地政府，将消息转达给了党组织，没几天江西省革委会派人到闇亭寺，指着磬扬法师告诉那些想抓捕他的人说："你们眼前这位和尚，并不是什么来历不明的特务，而是曾经为革命做出过巨大奉献，被毛主席亲自提拔的中国共产党员，红军的高级将领杨道明。"江西省委还邀请杨道明回江西任职，被他婉言谢绝了。1949年初，磬扬法师曾主动要求参加当地政府后勤杂事工作，如做些公文、整理文件等，但没有得到上级批准。他只好带领寺内众僧侣，在寺庙周围开荒种粮，支援国家建设，帮助困难群众。在他主持下，闇亭寺完全实现自给自足，每年还向国家上缴千余斤粮食，连续多年被福建省佛教协会评为先进单位。他还为当地修桥多座、铺路10多公里，每月出钱资助村里敬老院6位老人等。

党的十一届三中全会后，省、地、县对磬扬法师问题十分重视，专门派调查组深入调查他的政历问题。1988年，福建省党史办人员专程前来打听钟循仁下落。杨道明认为："钟循仁已经去世快10年了，他也快80岁了，如果继续保守钟循仁真实身份这个秘密，等他去世后这件事情将会成为党史上的一个谜团，这对我们党也是不利的。因此，有必要向组织报告此事，将其公之于众，这也算了却他一桩心事。"于是，杨道明向来人讲述了53年前宋清泉等人叛变后的经历。此后，来拜访者络绎不绝，包括曾经的老部下开国少将钟国楚。

苍山如海，残阳如血。1999年5月14日，一生充满传奇色彩的昔日闽赣省苏维埃政府主席杨道明，因病医治无效，在永泰县长庆镇能仁寺圆寂，世寿90岁。闇亭寺为这位大德高僧修建了磬扬禅师纪念堂，堂前悬挂着一副对联："磬声传贝叶，扬善证菩提"。

（文：林日上　图：尤溪县闽赣省苏维埃政府展览馆）

后　记

　　出于对三明文化历史的热爱与关注，2022年5月始，三明市社科联组织策划并推出了《三明行迹》微刊，转发各相关微信群后，得到了广大读者的肯定和好评，由此坚定了决心，接续而奋然前行，在没有任何经费情况下，每期靠主办方友情约稿、广大作者无偿提供稿件，竟坚持不懈地推出了50期，现予以结集公开出版。本书顺利出版，有赖于林小妹、陈家锋和顾真等同志的共同努力，还得到了福建教育出版社孙汉生总编的帮助与支持，在此一并致以诚挚的谢意。

　　由于没有经费，现场调研等远不够，加上编者水平有限，因此，书中诸多内容无法深入挖掘与研究，往往浅尝辄止，错漏难免，敬请读者不吝指正。

编　者

2024年10月